中学五育融合教育的教学创新与实践研究

田松东　著

云南美术出版社

图书在版编目（CIP）数据

中学五育融合教育的教学创新与实践研究／田松东
著. — 昆明：云南美术出版社，2024.4
ISBN 978-7-5489-5643-3

Ⅰ. ①中… Ⅱ. ①田… Ⅲ. ①中学-全面发展（教育
）-研究 Ⅳ. ①G63

中国国家版本馆 CIP 数据核字（2024）第 075188 号

责任编辑：洪　娜
责任校对：梁　媛　温德辉　黎　琳
装帧设计：张田田
封面设计：寓　羽

中学五育融合教育的教学创新与实践研究

田松东　著

出版发行：云南美术出版社（昆明市环城西路 609 号）
制版印刷：昆明德厚印刷包装有限公司
开　　本：787mm×1092mm　　1/16
印　　张：6.125
字　　数：250 千字
版　　次：2024 年 4 月第 1 版
印　　次：2024 年 4 月第 1 次印刷
书　　号：ISBN 978-7-5489-5643-3
定　　价：45.00 元

前　言

随着教育的不断发展和进步，中学教育已经逐渐从传统的知识传授向全面素质教育转变。五育融合教育，即德育、智育、体育、美育和劳育的有机融合，已成为当前教育领域的重要议题。五育融合教育理念强调在教育教学过程中，重视学生的全面发展，培养学生的综合素质和创新能力。因此，对中学五育融合教育的教学创新与实践进行研究，具有重要的现实意义和深远的社会影响。

本书从五育融合教育概述入手，详细地探讨了中学五育融合教育的教学创新策略，然后对中学五育融合下的课程整合进行了全面分析，并在此基础上探索了中学五育融合教育的信息化发展，最后系统地阐述了中学五育融合教育实践。希望通过本书的介绍，能够为读者在中学五育融合教育的教学创新与实践方面提供帮助。

在本书的写作过程中，笔者参阅了相关文献资料，在此，谨向相关作者深表谢忱。

由于水平有限，若有疏漏，还请广大读者批评指正。

作　者
2024 年 2 月

目　录

第一章 五育融合教育概述

第一节 五育融合教育的目标

一、培养学生的综合素质

（一）综合素质培养概述

综合素质的培养是五育融合教育的重要目标之一。它强调学生在知识、能力、态度和价值观等方面的全面发展。综合素质培养旨在通过提供多元化的学习机会和丰富的教育资源，培养学生多方面的能力，使他们成为具有综合素养的人才。

1. 培养学生的学科知识和学习能力

学科知识的掌握是学生发展的基础，它为学生进一步掌握其他技能和能力提供了支持。培养学生良好的学习能力，包括自主学习、问题解决和批判思维能力，有助于他们在日后的学习和工作中更好地适应变化和挑战。

2. 培养学生的创新能力

在当今创新驱动发展的社会中，创新能力是学生未来发展的关键。通过鼓励学生思考、解决问题和运用创造性思维，学校可以培养学生的创新潜能，激发他们的创新意识和创造力。

3. 培养学生的社会责任感

社会责任感是一个人自觉承担社会责任的意识和行动。通过开展社会实践活动、参与公益事业等，学生能够认识到自己对社会的责任，并通过行动来践行责任意识，贡献社会。

4. 个体全面发展

个体全面发展不仅包括学生的智力发展，还包括身心健康、审美情趣、道德品质等多个方面。学校通过提供丰富多样的体育、艺术、文化等发展机会和环境，帮助学生在身心、道德和审美等方面得到全面的发展。

（二）综合素质的培养策略

1. 注重跨学科的融合

在教学过程中，要强调不同学科之间的联系与互补。通过将不同学科的知识和技能有机地结合起来，培养学生的综合素质。例如，在语文课上可以引入历史、地理等相关内容，通过阅读和讨论来增强学生的综合阅读能力和综合思考能力。

2. 注重实践与应用

综合素质的培养需要学生能够将所学知识应用于实际情境中，解决实际问题。因此，我们可以设置实践性的学习任务和项目，让学生通过实际操作，总结实践经验来提升他们的综合素质。例如，组织学生参加社会实践活动、科学实验、艺术创作等，通过实践锻炼他们的创新思维、协作能力和问题解决能力。

3. 注重个性发展和特长培养

综合素质的培养不是要求每个学生都达到相同的标准，而是也要尊重个体化差异促进学生的个性化发展，因材施教。因此，我们应该为学生提供多样化的学习机会和活动，以满足不同学生的需求和兴趣。例如，设立不同的选修课程，鼓励学生参与各种俱乐部和社团活动，提供个性化的发展路径和支持。

4. 注重评价方式的改革

为了实现综合素质的培养目标，我们需要改变传统的考试评价方式，采用多元化的评价方法。除了传统的笔试和口试，还可以引入项目评估、实践评价、综合测评等方式，全面评价学生各方面的综合素质。

（三）综合素质培养的影响

综合素质的培养在学术成绩方面呈现出显著的影响。综合素质的培养首先要明确学生的学习目标，从而提升他们各学科的学习成绩。综合素质的培养注重激发学生的学习兴趣和学习能力，使他们更加主动、积极地参与学习活动。如此，还能够促进学科之间的综合应用，提高学生的学习能力和解决问题的能力。

综合素质的培养在社交能力方面也有积极影响。五育融合教育强调培养学生的合作精神和团队意识，通过团队合作和互动交流的方式，培养学生的社交能力。综合素质的培养可以提高学生的合作意识和沟通能力，在与他人合作解决问题的过程中培养学生的团队合作能力和互动交流的能力。这对于学生未来的职业发展和社会交往具有重要意义。

另外，综合素质的培养还在情感发展方面发挥了积极作用。五育融合教育注重培养学生的情感认知和情绪管理能力，通过情感教育，帮助学生树立正确的人生观和价值观。可以增强学生的自我意识和自信心，提高他们对自己和他人的情感认知能力。同时，这也有利于学生积极面对挫折和困难，更好地处理人际关系和情绪问题。

综合素质的培养对于培养学生的创新精神和创造力具有重要意义。五育融合教育强调培养学生的探究精神和创新思维，通过培养学生的综合能力和跨学科思维，激发他们的创新潜力。综合素质的培养不仅可以提高学生的问题解决能力和创新能力，还可以提高他们的创新意识和创造性思维能力。这为学生未来的创新工作和社会责任担当提供了有力的支持。

二、提升学生的创新能力

(一) 创新能力提升概述

1. 培养学生的创意思维

创新能力的提升需要学生具备创造性思维和解决问题的能力。五育融合教育注重培养学生的创意思维，通过提供开放的学习环境和富有挑战性的问题，激发学生的创造力和想象力，使他们能够尝试各种可能性，找到新的解决方案。

2. 发展学生的实践能力

创新离不开实践，只有在实践中不断尝试和反思，学生才能真正掌握创新的方法和技巧。五育融合教育鼓励学生积极参与各种实践活动，如科学实验、社会调查、艺术创作等，通过实际操作和实践体验，提升学生的实践能力，培养他们的创新能力。

3. 注重学生的团队合作能力培养

创新往往需要多个人的智慧和力量的汇聚，团队合作能力是创新的基础。五育融合教育注重培养学生的团队合作能力，通过组织项目学习和合作性学习活动，培养学生的沟通能力、协作能力和团队意识，使他们能够在团队中充分发挥个人优势，共同实现创新目标。

4. 关注学生的持续学习和自主发展能力

创新能力的提升是一个持续的过程，需要学生具备不断学习和自主发展的能力。五育融合教育鼓励学生自觉学习和主动探索，提供丰富的学习资源和学习机会，培养学生的自主学习能力和批判思维能力，使他们不仅能够适应社会变革，而且能够主动引领社会发展。

(二) 创新能力的提升策略

1. 为学生提供丰富的学习资源

我们需要为学生提供丰富的学习资源和多样的学习环境，以激发他们的创新思维和想象力。学校可以与相关企业、研究机构建立合作关系，为学生提供实践机会和解决实际问题的平台。这样，学生可以接触到实际情况，通过解决问题的过程来培养他们的创新能力。

2. 应该注重培养学生的团队合作能力

创新往往是通过团队合作完成的，学生需要学会与他人合作、分享资源和承担责任。学校可以组织团队项目或活动，鼓励学生间的协作与创新，以促进他们的团队意识和合作能力的发展。

3. 提供具有启发性和开放性的学习环境

学校应该提供启发性和开放性的学习环境，鼓励学生进行独立思考和探索。例如，引导学生参与科研项目、开展学术讨论、参观企业实践等。这样的学习环境可以激发学生的好奇心和求知欲，培养他们寻找问题、分析问题和解决问题的能力。

4. 加强课程设计和教学方法的创新

教师可以采用能够激发学生创造力和创新思维的教学方法，如案例教学、问题导向学习、开放性讨论等。通过这些教学方法，学生可以在实际问题中培养创新能力。

5. 组织创新创业活动

学校可以组织创新大赛、创业项目等活动，为学生提供展示才华和创新成果的机会。这些活动不仅可以激发学生的竞争意识和创新动力，还能让他们在实践中体验创新的过程，从而加深对创新的理解和认识。

三、增强学生的社会责任感

（一）社会责任感增强概述

社会责任感是五育融合教育的重要目标之一。培养学生的社会责任感，旨在使他们成为具有社会意识和社会担当的公民，能够积极投身社会，为社会发展和进步做出贡献。

培养学生的社会责任感是为了使他们认识到自己是社会的一员，具有社会角色和社会责任。学生应该意识到自身的行为和决策会对社会和他人产生影响。通过参与社会实践活动、社会服务项目等形式，学生能够亲身体会到社会问题的存在，进而产生责任感。

提升学生的社会责任感需要培养他们的公益意识和协作精神。学生应该认识到社会问题不是个体独立所能解决的，需要集体行动和合作。可以通过团队合作、社会实践等活动，让学生增强自身的团队意识和协作能力，培养关心他人、帮助他人的品质。

通过开展社会责任感培养教育，学生应该能够理解并尊重不同的社会价值观。现代社会多元化的特点要求人们能够包容并尊重不同文化、不同群体的存在和差异。学生应该具备跨文化交流和理解的能力，以更好地适应和融入社会，同时也要培养学生的社会公正感，使他们有能力识别和纠正社会不公平现象。

提升学生的社会责任感还需要加强他们关注社会问题的意识和批判思维。学生应该能够主动关注社会问题，捕捉社会现象背后的深层次问题，并逐渐具备分析和解决问题的能力。通过引导学生进行社会议题讨论、参与社会调研等方式，培养他们的批判性思维和问题解决能力，以更好地应对复杂多变的社会挑战。

（二）社会责任感的培养策略

在培养学生的社会责任感过程中，我们需要采取一系列策略来引导学生树立正确的价值观，增强他们对社会问题的关注和解决能力。

1. 重视学生的社会实践和参与

通过组织学生参与社区服务、社会实践活动，让他们亲身体验社会问题，面对真实的社会环境和需求。这能够激发学生的社会责任感，培养他们关心他人、亲近社会的意识和情感。

2. 注重道德教育的融入

在教育中应让学生树立起道德观念和行为准则，让他们具备正确的价值观，并能够根据道德标准去判断和行动。通过教育引导，学生可以认识到自己的行为对社会和他人的影响，从而主动承担起社会责任。

3. 倡导学生参与公益活动

通过组织公益活动、志愿者服务等形式，让学生参与其中，让他们亲身体会到帮助他人的快乐和意义。这样能够启发学生的关爱之心，增强他们的社会责任感，并且培养他们关注弱势群体、推动社会公益事业发展的意识。

4. 注重培养学生的批判思维能力

要让他们具备独立思考、理性判断的能力，能够有效地分析和解决社会问题。通过开展相关的教学活动，如讨论、辩论、写作等，引导学生思考社会问题的根本原因和解决方案，让他们意识到自己在社会中的责任和作用。

5. 注重学生的情感培养

要鼓励学生表达自己的情感，培养他们的同理心和关怀之情，让他们愿意帮助他人、关注他人。通过情感的引导和培养，可以更好地促进学生的社会责任感的形成和发展。

（三）社会责任感增强的影响

社会责任感是个体对自己在社会中所扮演的角色和应承担的责任的感知和担当。在五育融合教育的背景下，更加重视对学生社会责任感的培养。这种培养不仅关系到学生个人的成长和发展，更关系到整个社会的和谐与进步。

首先，社会责任感的培养有助于学生形成正确的价值观。社会责任感的培养能让学生更加明白自己作为社会一员的责任和义务，从而树立起积极向上、关心社会、服务他人的价值观。这种价值观的形成，对于学生的个人成长和社会的进步都具有深远的影响。

其次，社会责任感的培养有助于提升学生的综合素质。在参与社会实践活动、志愿服务等活动中，学生不仅能够锻炼自己的组织协调能力、沟通能力等，还能够增强自己的社会责任感和使命感。这些综合素质的提升，为学生未来的职业发展打下了坚实的基础。

再次，社会责任感的培养有助于构建和谐社会。一个具有高度社会责任感的社会成员，会更加积极地参与社会事务，关心弱势群体，推动社会公平和正义。这样的社会氛围，有助于形成和谐、稳定、繁荣的社会环境。

最后，社会责任感的培养也是时代发展的需求。随着社会的不断进步和发展，对公民的社会责任感要求也越来越高。五育融合教育正是顺应这一时代需求，通过培养学生的社会责任感，为社会的持续发展和进步提供有力的人才保障。

四、个体全面发展

(一) 个体全面发展概述

个体的全面发展是五育融合教育的一个重要目标。在五育融合教育中，个体全面发展不仅仅关注学生的学术能力，还注重培养学生的实践能力、情感能力、审美能力等多方面的素养。

1. 培养学生的实践能力

实践能力是指学生通过实践活动，将所学知识与实际问题相结合，解决问题的能力。在五育融合教育中，我们通过实践课程、社会实践等形式，引导学生主动参与实践活动，培养他们的实践能力。通过实践，学生不仅可以将所学知识应用到实际生活中，还可以培养解决问题的能力和创新思维，提高自身的综合素质。

2. 培养学生的情感能力

情感能力是指学生对自己和他人的情感体验和情感处理的能力。在五育融合教育中，我们注重培养学生的情感素质，使他们具备积极向上的情感态度和良好的情感表达能力。通过各种教育活动和情感教育课程，我们引导学生学会情感表达、情感理解和情感调适，提高他们的情感能力，使他们能够建立健康的人际关系，增强自我认同感和归属感。

3. 培养学生的审美能力

审美能力是指学生欣赏和评价美的能力。在五育融合教育中，我们注重培养学生的审美情趣，通过艺术教育和美学课程，引导学生发展对美的敏感性和鉴赏能力。通过欣赏和创造艺术作品，学生能够培养自己的审美情趣，提高对美的把握能力，同时也能够培养学生的创新思维和创造力，进一步促进个体的全面发展。

(二) 个体全面发展的实施策略

个体全面发展是五育融合教育的重要目标之一。为了实现个体全面发展，我们需要采取一系列策略来促进学生的身心健康、智力与学术发展、艺术与审美素养等方面的全面提升。

在身心健康方面，我们要注重培养学生的运动能力和健康意识。通过开设体育课程和组织各类体育活动，学生可以参与各种运动项目，培养他们的身体素质和团队合作精神。同时，要加强对学生的健康教育，提高他们的健康意识，帮助他们培养良好的生活习惯，包括良好的饮食习惯、作息规律等。

在智力与学术发展方面，我们要注重提高学生的学习能力和学术素养。通过优化教学方法和丰富教学资源，激发学生的学习兴趣和独立思考能力。同时，鼓励学生积极参与科学研究和学术竞赛，培养他们的探索精神和创新思维。

另外，在艺术与审美素养方面，我们要注重培养学生的艺术修养和审美能力。通过开设美术、音乐、舞蹈等艺术课程，学生可以参与各种艺术活动，培养他们的艺术表达能力和欣赏能力。同时，要加强对学生的文化教育，培养他们对优秀文化传统的理解力和认同感。

在社会参与方面，我们要注重培养学生的社会责任感和公民意识。通过组织社会实践活动和志愿者服务，让学生亲身体验社会发展的需求，培养他们的社会责任感和团队合作精神。同时，要加强对学生的法治教育，提高他们的法律意识和公民素质。

我们需要通过多方位、全方位的教育手段和措施，为学生提供一个全面发展的学习环境，使他们在各个方面都能够得到全面的培养与提升，实现个体的全面发展目标。

第二节　五育融合教育的理论基础

一、全面发展理论在五育融合教育中的应用

（一）全面发展理论的提出背景

全面发展理论是指在教育实践中，注重培养学生的全面素质和能力，不仅关注学生知识的积累，还注重学生情感、道德、身体、实践等多方面的全面发展。全面发展理论的提出背景与社会经济发展以及教育改革的需求有着密切的关系。

随着经济全球化和科技的飞速发展，职场对人才的要求也发生了变化。传统的应试教育模式虽然培养出了大量的知识型人才，但却存在个人综合素质参差不齐的问题。为适应现代社会的需求，人们对教育提出了更高的要求，希望学生具备广泛的兴趣爱好、团队合作能力、创新精神等，这就需要教育理论与实践进行转变。

素质教育理论的兴起也为全面发展理论的提出提供了支持。素质教育理论强调个体的全面发展，对于人的全面发展来说，不仅要注重知识的增长，更要关注人的情感、

品德以及实践能力等方面的培养。全面发展理论在此基础上进一步强调了个体的多元发展，提出要注重培养学生的身心健康、实践能力和创新思维等。

教育生态学理论的提出也在一定程度上促进了全面发展理论的发展。教育生态学强调教育系统与生态环境的互动关系，将学校教育与社会环境、家庭教育有机地结合起来。全面发展理论也意识到教育系统的内外环境对个体发展的影响，提出了重视社会和家庭等其他领域资源的整合与利用，以促进学生的全面发展。

全面发展理论强调培养具有全面素质和能力的学生，不再将教育仅仅侧重于知识传授，而是将个体的全面发展视为教育的根本目标。对于五育融合教育来说，全面发展理论无疑为其提供了理论依据和实践指导。

（二）全面发展理论的主要内容

全面发展理论强调个体的综合发展，包括智力、体育、美术、劳动和情感等多个方面。其核心思想是通过提供丰富多样的教育资源和经验，帮助学生挖掘潜能。

1. 强调智力方面的发展

传统教育常常过于强调学科知识的传授，而忽视了学生的其他能力。然而，全面发展理论认为，智力的发展除了知识的获得，还应该涵盖创造性思维、批判性思维和解决问题能力的发展等。因此，在五育融合教育中，教师应该注重激发学生的创造性思维，培养学生的问题解决能力，以促进智力的全面发展。

2. 强调身体方面的发展

体育活动在学生的全面成长中起着重要的作用。通过体育锻炼，学生可以培养健康的体魄、协调的身体运动能力和团队合作精神。五育融合教育的实施中，应该为学生提供多样化的体育活动，鼓励学生积极参与。同时，教师应该关注体育活动对学生身体和心理健康的积极影响，通过体育锻炼培养学生的自信心与坚强意志。

3. 强调审美方面的发展

美术是培养学生审美情操和创造力的重要途径。通过绘画、雕塑和手工制作等美术活动，学生可以培养对美的感知能力和艺术表达能力。在五育融合教育中，教师应该鼓励学生参与各种美术活动，提供丰富的艺术资源和经验，培养学生的审美能力和艺术修养。

4. 强调劳动和情感方面的发展

通过劳动活动，学生可以培养实践能力、团队意识和社会责任感。情感的全面发展包括学生的自我认知、自我管理和情绪调节等方面。在五育融合教育中，教师应该注重培养学生的劳动能力和情感智慧。

二、素质教育理论在五育融合教育中的应用

（一）素质教育理论的提出背景

素质教育理论的提出源于对传统教育模式的反思和对学生全面发展的追求。在传统的教育观念中，学校过分注重学生的学科成绩，在一定程度上忽视了学生的综合素质培养。这种单一评价标准和培养方式的缺陷逐渐得到关注，人们开始思考如何更好地促进学生的全面发展。

在此背景下，素质教育理论提出并引起了广泛的关注。素质教育理论强调培养学生的多元智能、创造思维、实践能力和人际交往等综合素质。与传统的知识传授不同，素质教育理论注重培养学生的批判思维和问题解决能力，使其成为有独立思考和自主学习能力的人才。

素质教育理论的提出也得到了教育学和心理学领域的支持。教育学家认为，传统的教育模式只注重了学科知识的传授，忽视了学生的综合能力培养，而素质教育理论的提出填补了这一空缺。心理学家也认为，学生的全面发展是促进个体健康成长和社会进步的关键。素质教育理论的提出正是基于这种共识，并试图在教育系统中推行全面发展的教育方式。

素质教育理论的提出背景还与当今社会经济发展的要求密切相关。随着社会的进步，人才的需求也发生了转变。传统的学科知识已经不能满足社会对人才的需求，更多地需要具备实践能力、创新能力和团队合作精神的人才。素质教育理论的提出是响应了这一社会需求，以培养具有综合素质的人才为目标。

（二）素质教育理论在五育融合教育中的实际应用

在五育融合教育中，素质教育理论具有重要的实际应用价值。素质教育理论强调培养学生的全面素质，即重视学生知识、能力、品德、情感和身心健康的统一发展。这与五育融合教育的理念是相契合的。

素质教育理论强调培养学生的品德素质。在五育融合教育中，品德教育是重要的一环。素质教育理论的实际应用可以帮助学生树立正确的价值观和道德观，培养良好的品德和行为习惯。在五育融合教育中，学生品德素质的培养不仅涉及他们的道德修养，更涉及他们的人际关系、社会责任等方面。素质教育理论的实际应用能够引导学生在五育融合教育过程中形成健康的人格，成为有担当、有社会责任感的人才。

素质教育理论还注重培养学生的情感素质。在五育融合教育中，情感教育是重要的一环。在五育融合教育中，学生情感素质的培养不仅涉及他们的情感体验和情绪管理，更涉及他们与他人的情感交往和情感沟通。素质教育理论的实际应用能够促进学生形成健康的情感态度，培养情绪处理能力，应用于五育融合教育中则让孩子更加健康成长。

三、教育生态学理论在五育融合教育中的应用

(一) 教育生态学理论的提出背景

教育生态学理论的提出源于对传统教育观念的质疑与反思。过去的教育模式往往将学生作为被教育对象，重视学科知识的传授，忽视了学生的发展需要和个体差异。这种"一刀切"的教育方式对于学生的全面发展和个性的培养存在一定的局限性。因此，新时代背景下，教育生态学理论的提出具有重要现实意义。

教育生态学理论的提出是为了构建适应教育发展需要的新模式。随着社会的发展和人们对教育需求的改变，教育生态学理论致力于通过整合多种教育资源和环境要素，建立起一种有机、协同的教育系统，为学生提供多样化、个性化的学习环境，更好地满足他们的成长需求。

教育生态学理论的提出是对素质教育理念的延伸与完善。素质教育强调培养学生的全面素质和综合能力，而教育生态学理论进一步强调了学生与环境的互动关系。教育生态学视学生为一个独立的个体，在不同的教育生态系统中与师生、同学、家长等各方面建立联系和相互作用。通过营造和谐、有利于学生成长的教育环境，教育生态学理论使素质教育得以更好地实践和推进。

教育生态学理论的提出是为了关注学生的终身发展。传统的教育往往注重短期目标的达成，而忽视学生的长期成长和发展。教育生态学理论强调了教育的连续性和持续性，关注学生在不同阶段的发展需求，并提供相应的教育支持和引导。通过重视个体差异、鼓励自主思考和实践能力的培养，教育生态学理论促进了学生的终身学习和发展。

(二) 教育生态学理论的主要内容

教育生态学理论是一种以生态学为基础的教育理论，它强调教育系统与外部环境之间的相互影响和相互作用。根据教育生态学理论，教育系统应被视为一个开放的生态系统，它与社会、文化、经济、政治等外部环境密切相关，并对这些环境做出响应。

教育生态学理论强调了教育系统的复杂性和多样性。它认为教育系统中的各个组成部分（学生、教师、家长、学校、社区等）之间存在着复杂的互动关系，这些互动关系形成了一个动态的网络。教育生态学将关注点从单一的学校或教室扩展到了整个社会教育系统，更加全面地考虑了教育过程中存在的多样性和复杂性。

教育生态学理论强调了环境对教育的影响。它认为，教育过程不仅受到内部因素的影响，如学生的个体特征和学校的教学策略，还受到外部环境的影响，如社会、文化、经济等因素。环境对教育的影响是多方面的，它可以通过塑造学生的价值观、行为习惯等方面对教育产生影响。

另外，教育生态学理论还强调了教育系统内部各个组成部分之间的相互作用。它认为，学生、教师、家长、学校、社区等各个参与方在教育过程中相互交流、相互影响。这种相互作用可以促进知识和经验的共享、问题的共同解决，并推动教育系统的进步和发展。

教育生态学理论的这些内容为我们提供了一种新的视角去理解和实践五育融合教育。在实际应用中，我们应该重视教育环境的塑造，加强教育系统内的合作与交流，以促进学生的全面发展和教育系统的进步。

（三）教育生态学理论在五育融合教育中的实际应用

在五育融合教育中，教育生态学理论作为一种重要的理论基础，可以为教育实践提供指导。教育生态学理论强调教育与环境的互动关系，认为教育不应该被局限在课堂内部，而是需要将教育活动与周围环境联系起来，使学生能够在多样化的环境中获得全面发展。

根据教育生态学理论，五育融合教育可以通过创造有利于学生全面发展的教育环境，来促进其身心健康、智力发展、情感认知和社会交往等方面的发展。例如，我们合力提供丰富多样的学习资源，如图书馆、实验室和艺术工作室等，让学生有机会接触各种不同的学科和艺术形式，从而拓宽他们的知识领域和兴趣爱好。

教育生态学理论认为教育应该注重培养学生与环境的和谐关系。在五育融合教育中，我们需要关注学生的情感和社会发展，培养他们具备良好的社会适应能力和人际交往能力。为此，我们可以通过社会实践活动和校外实习等方式，让学生亲身体验社会和生活的各个方面，从而增强他们的社会意识和社会责任感。

教育生态学理论还强调教育与家庭、社区等外部环境的密切联系。在五育融合教育中，我们应该与家长和社区合作，共同关注学生的全面发展。例如，学校可以与家长建立有效的沟通机制，及时了解学生的情况和发展需求。同时，学校也可以与社区开展各类活动，如社区志愿者服务、社会实践活动等，让学生感受到社区的温暖和支持，从而促进他们的成长和发展。

（四）教育生态学理论应用于五育融合教育中的影响

教育生态学理论的应用能提升学生学业成绩。将教育生态学理论应用于课堂教学中，可以有效地激发学生学习的兴趣和动力。例如，在课程设计中，可以运用教育生态学理论中的适应性原则，根据学生的兴趣和能力，循序渐进地设计学习任务，使学生在适宜的学习环境中取得更好的学习效果。实证研究结果表明，采用教育生态学理论的教学方法，学生的学业成绩明显提高，他们更加积极主动地参与学习，对学习内容的理解和记忆也更加深入和牢固。

教育生态学理论的应用能促进学生身心健康发展。根据教育生态学理论，教育不再仅仅是知识的传递和学习能力的培养，还应关注学生的身心健康发展。在教育环境中，应注重创造一个良好的身心健康氛围，为学生提供充足的休息和锻炼时间。应用教育生态学理论开展的学校体育活动、心理健康教育等项目，有效提升了学生的身心健康水平，减少了学生的压力和焦虑，有利于他们全面发展。

另外，教育生态学理论在培养学生成长的社会适应能力方面也具有重要价值。社会适应能力是指个体适应和应对不同社会环境的能力。通过教育生态学理论的应用，可以帮助学生了解和适应不同的社会环境，培养他们的社会交往、沟通和解决问题的能力。教育生态学理论应用于五育融合教育中，培养出来的学生更加自信、积极，他们能够灵活适应不同社会环境的需求，与他人和谐相处，并有效解决问题。

在五育融合教育中，我们应充分理解教育生态学理论的基本原理和方法，综合运用其中的要素，为学生提供全面发展的教育环境和机会。相信随着更多的实证研究的开展，教育生态学理论的应用将得到进一步的发展和完善，为五育融合教育的实施提供更加有效的支持和指导。

四、教育心理学理论在五育融合教育中的应用

（一）教育心理学理论的主要内容

教育心理学是研究人类在教育过程中的学习、发展和教育行为的学科。它关注学习者的认知、情感和社会行为，并提供理论和方法来指导教育实践。在五育融合教育中，教育心理学理论起着重要的作用，为教育者提供了科学的依据和指导，有助于促进学生全面发展。

1. 关注学习者学习的过程和机制

教育心理学研究了学习者在接受学习任务时的认知和情感方面的变化，以及如何提高学习的效果等。例如，认知心理学理论揭示了学习者的信息加工过程，通过了解学生的思维方式和记忆机制，教育者可以在教学中采用更有效的教学策略。

2. 关注学习者的发展

教育心理学研究了学习者在不同阶段的心理特点和发展规律，为教育者提供了为学生提供恰当的教育环境的指导。发展心理学理论指出，不同年龄段的学生在认知、情感和社会方面的需求和能力是不同的，因此，教育者应该根据学生的发展水平和特点来设计教学内容和方法。

3. 关注学习者的个体差异

教育心理学研究了学生个体之间的差异，包括学习风格、智力、性格等方面的差异。个体差异心理学理论指出，每个学生都是独特的，教育者应该充分认识学生的差异，并为他们提供个性化的学习支持和指导。

4. 关注学习者的社会环境和人际关系

教育心理学研究了学生的社交行为和人际关系对学习和发展的影响。社会心理学理论强调了学生在群体中的互动和合作，为教育者提供了促进学生合作学习和培养良好人际关系的指导。

教育者可以依据这些理论，设计和实施适应学生特点和需求的教学策略，促进学生全面发展。然而，需要注意的是，教育心理学理论只是提供教育实践的指导性原则，实际教学过程中仍然需要教育者根据具体情况进行判断和调整。

（二）教育心理学理论在五育融合教育中的实际应用

教育心理学作为一门研究学习、教育和发展的心理学分支，对于五育融合教育的实际应用具有重要意义。在五育融合教育中，教育心理学理论为教师提供了指导和支持，帮助他们更好地促进学生的全面发展。

教育心理学理论提供了关于学习和发展的重要观点和原则，为教师指导教学实践提供了理论基础。例如，社会文化理论强调了社交互动和合作的重要性，教师可以运用这一理论指导学生之间的互动，鼓励合作学习和共享知识。另外，认知发展理论强调了学习者的主动参与和自主构建知识的重要性，教师可以根据学生不同年龄段的认知能力，设计具有挑战性和启发性的教学活动，激发学生的思维发展。

教育心理学理论提供了关于学生发展和个体差异的认识，为个性化教学提供了依据。每个学生都是独特的个体，他们在学习和发展方面具有不同的特点和需求。教育心理学理论帮助教师了解不同阶段的学生的发展特征，如青春期的身体和认知变化，帮助教师更好地设计适合学生的教学内容和方法。此外，知识、兴趣、技能等方面的个体差异也需要被教师重视，以便给予学生有针对性的支持和引导。

教育心理学理论提供了关于学习、记忆和评价的知识，帮助教师提高教学效果。例如，教育心理学理论中的记忆研究可以帮助教师了解学生的记忆过程和策略，从而采用更有效的教学方法来帮助学生记忆和掌握知识。此外，教育心理学中的评价研究也提供了丰富的评价工具和方法，帮助教师对学生的学习进行全面而准确的评估，为教学调整和学生个性化支持提供依据。

第三节　五育融合教育的任务

一、德育为先

（一）德育的重要性

德育作为五育融合教育的首要任务，其重要性不可忽视。德育不仅关系到学生的道德品质培养和人格塑造，还直接影响着他们的学习能力、生活态度以及社会适应能力等方面。

在学生的成长过程中，通过德育，学生不仅能够树立正确的人生观、价值观和世界观，同时也能够形成良好的行为习惯和道德规范。这对于他们今后的学习、工作和社交都具有重要的影响。

德育的重要性还在于其对学生学习能力的影响。只有具备了良好的道德素养和修养，学生才能更好地面对学习中的困难和压力。德育不仅培养了学生的自律意识和责任感，还注重培养学生的学习兴趣和学习动力。这样，学生在学习过程中才能更加主动、积极，提高学习效果和成绩。

德育的重要性还体现在对学生生活态度和社会适应能力的塑造方面。德育旨在引导学生形成正确的生活价值观和态度，使其在现实生活中积极向上、坚韧不拔。通过德育，学生可以树立正确的人际关系观和团队意识，培养合作精神和社会责任感，从而更好地适应社会的发展和变化。

（二）德育的目标

德育作为五育融合教育的首要任务，其目标在于培养学生良好的品德和道德素养。德育在学校教育中起着重要的作用，它不仅关乎学生的个人发展，也影响社会的发展。因此，明确德育的目标是十分重要的。

1. 培养学生的道德情感

通过德育的实施，学生应形成正确的价值观和道德观念，树立起积极向上的人生态度。他们应懂得尊重和关爱他人，拥有同情心和善良的品质。

2. 培养学生的自律和责任感

通过德育，学生应学会遵守规则和纪律，学会自我管理和自我约束。他们要学会对自己的行为负责，对自己的言行有所反思。这种自律和责任感的培养，使得学生能够在面对困难和挑战时保持坚毅的意志和勇往直前的精神。

3. 培养学生的社会责任感

通过德育的引导，学生应认识到自己是社会的一员，应该为社会做出贡献。他们要学会关心他人，关注社会问题，并积极参与到社会实践中去。这种社会责任感的培养，使得学生具备为社会发展做出贡献的意识和能力。

4. 完善学生的人格和提升综合素质

通过德育的塑造，学生应获得道德品质的提升、思想品质的升华以及学术品质的培养。他们要在道德、学识、才艺等方面全面发展，形成健康、积极、有活力的人格。这种人格的培养和素质的提升，使得学生能够从容应对各种挑战，成为社会所需要的新时代人才。

（三）德育的实施策略

1. 培养师生互动的德育氛围

学校应该营造一个积极向上的德育氛围，让师生在良好的人际关系中相互影响、互相学习。这可以通过组织各种德育活动，包括课余社团、德育主题讲座、志愿者活动等，让学生积极参与其中，培养其良好的道德品质和社会责任感。

2. 注重德育与课程的融合

德育不能仅仅停留在个别的道德教育活动中，而应该贯穿于日常的课程教学中。教师可以通过引导学生进行课堂讨论、案例分析、角色扮演等，促使学生对道德问题进行思考和讨论。此外，各个学科的课程也可以融入相应的德育内容，以提升学生的道德素养。

3. 推行多元评价体系

单一的考试成绩不能完全反映学生的道德发展情况。因此，学校需要建立起一套全面的多元评价体系，包括德育评价、社会实践评价等。通过考察学生在道德情感、道德判断、道德行为等方面的表现，全面评价学生的道德成长。并且在评价结果方面，要注重给予学生及时的反馈和引导，以促进其更好地发展。

4. 加强家校合作

家庭是培养学生道德品质的重要场所，学校和家庭需要建立起紧密的沟通和合作机制。学校可以定期组织家庭访谈、家长培训等活动，帮助家长了解学生的德育情况，共同探讨培养学生道德品质的方案和方法。同时，家长也需要积极参与学校组织的德育活动，与学校共同育人。

二、智育为重

（一）智育的重要性

智育是培养学生全面发展的基础。在当今知识经济时代，智力素质的培养是学生全面发展的基石。只有通过智育的引导与培养，学生才能获得扎实的学科知识，不断提升自己的学习能力和思考能力。智育不仅关注学生的学习成绩，更重要的是培养他们的创新思维和解决问题的能力，这对于他们未来的职业发展和社会适应具有重要意义。

智育有助于提高学生的综合素质和竞争力。如今，社会对于人才的需求日益增加，仅仅依靠单一的学科知识已经不能满足现代社会的发展需求。智育通过全面培养学生的智力潜能和综合素养，开阔他们的视野和思维方式，使他们具备批判性思维、创新思维和合作精神，从而提高学生的综合能力和竞争力，为他们未来的发展打下坚实的基础。

智育能够培养学生的独立思考和问题解决能力。在智育的实施过程中，注重培养学生的独立思考能力和解决问题的能力。通过启发式教学、案例分析等多种方式，能帮助学生养成自主学习的能力，使其具备探究问题的动力和方法，能够主动寻找解决问题的途径和策略。

（二）智育的目标

1. 帮助学生掌握学科知识

学科知识是智育的重要基础，它不仅是学生拓宽视野、增长见识的工具，更是学生发展和实现自我价值的基础。通过系统的学科学习和深入的知识掌握，学生不仅可以掌握基本的学科概念和理论，还能够培养批判性思维和创新能力，从而在今后的学习和工作中取得更好的成绩。

2. 培养学生的学习能力

学习能力是学生未来学习和发展的核心素养，它包括学习方法的掌握、学习意愿的培养以及自主学习能力的提升。在实施智育的过程中，应注重培养学生的学习兴趣和学习动力，激发他们对知识的渴望和追求。同时，我们也应注重培养学生的自主学习能力，鼓励他们主动探究和解决问题的能力，通过自主学习来提升自身的学业水平和学习成果。

3. 培养学生的创新思维和问题解决能力

在当今社会，创新和问题解决能力已经成为人才培养的重要素养。作为教育者，我们需要通过培养学生的创新思维和问题解决能力，让他们在面对复杂的社会问题和挑战时能够积极思考、勇于拓展和创新。

（三）智育的实施策略

在实施智育的过程中，我们需要采取一系列的策略来确保其有效性和成效。下面将介绍几个重要的实施策略。

1. 建立积极的学习环境

学生在积极的学习环境中才能充分发挥自己的潜力。学校应创造出鼓励学生思考、交流和探索的氛围。教师可以采用启发式教学法以及团队合作学习等方法，使学生在互动中建立起知识框架，培养他们的创造力和解决问题的能力。

2. 个性化教学

每个学生都有自己的学习方式和节奏，因此，在教学中要尊重每个学生的特点和需求。教师可以通过设置不同的学习任务、提供多样化的学习资源和进行个别辅导等方式，为学生提供一个适合他们个性化发展的学习环境。个性化教学能够激发学生的学习兴趣和主动性，提高他们的学习效果。

3. 培养学生的学习习惯和能力

学习是一个长期的过程，学生需要掌握有效的学习方法和技巧。教师应当引导学生形成良好的学习习惯，如定期复习、总结、归纳等，使他们能够主动地获取知识和解决问题。同时，教师还应当帮助学生发展批判性思维和创造性思维，培养他们的问题解决能力和创新意识。

4. 融入教育科技

随着科技的发展，教育技术已经成为教学的重要组成部分。教师可以运用多媒体、网络资源和教育软件等工具来增强教学效果，激发学生的学习兴趣，并且提供更加多样化的学习方式。

5. 实施合适的评估和反馈机制

教师应当定期地对学生的学习情况进行评估和反馈，及时发现问题并进行调整。评估可以包括考试、作业评析、项目评测等形式，而反馈可以通过口头或书面的方式进行。通过评估和反馈，教师可以了解学生的学习进展情况，为他们提供具体的指导和建议。同时，学生也可以通过评估和反馈来认识自己的不足，从而主动调整学习策略，提高学习效果。

三、体育为基

（一）体育的重要性

体育作为五育融合教育的基础，具有重要的地位和作用。首先，体育能够促进身体的健康发展。现代社会，由于学生长时间坐着学习和过度使用电子设备，学生身体素质下降、近视率上升等问题日益突出。其一，体育锻炼能够增强学生的身体素质，提高身体的抵抗力，预防和减少疾病的发生。其二，体育可以培养学生的意志品质和团队合作精神。通过参与各种体育活动，学生们能够培养顽强拼搏的精神，培养坚持不懈、不怕困难的意志品质。其三，体育活动也是一个团队协作的过程，在团体项目中，学生们需要相互配合、协作完成任务，培养了团队合作的能力。其四，体育能够培养学生的情感和审美情趣。在体育活动中，学生们可以感受到运动的快乐和激情，提高了生活热情。其五，体育可以促进学科知识的学习和运用。体育不仅仅是一种身体活动，更是一门学科，通过体育课程的学习，学生们可以掌握各种运动技能，丰富学生的知识面，还能促进身体发育，提升知识的吸收的效果。

（二）体育的目标

体育作为五育中的基础，它具有独特的功能和价值，有着自己独特的育人目标。

1. 提升学生的身体素质

身体素质是一个人身体健康与否的重要标志，也是整个人发展的基础。通过体育锻炼，学生要不断增强体质，提高身体机能，增强免疫力，预防疾病的发生。体育还应培养学生坚强的毅力和顽强的意志，让他们在面对逆境时能够坚持不懈，战胜困难。

2. 培养学生的团队合作精神和竞争意识

在体育运动中，学生需要与队友合作完成任务，每个人都扮演着不同的角色，在合作中实现个人和集体的目标。要通过竞技比赛，培养学生的竞争精神，激发其个人潜能，培养乐观向上的心态，增强其对成功和失败的适应能力。

3. 培养学生的自律和自我管理能力

在体育活动中，学生需要遵循规则，自觉遵守比赛纪律和行为规范，培养自我约束能力。体育还能够培养学生自我调节的能力，让他们对自己的身体状态、情绪变化等有更好的认识，并能够采取相应的调节措施。

（三）体育的实施策略

1. 注重建设体育设施和资源

体育实施需要有足够的场地、器材和教材等资源支持。学校应该增加体育设施的建设投入，完善校内的体育场地，并提供各类体育器材和工具。也要加强与社会体育资源的合作，开展校外体育培训和交流活动，丰富学生的体育学习体验。

2. 重视体育师资队伍建设

推动体育课程的有效实施，需要具备专业知识和教学技能的体育教师。学校应该加强体育教师的培训与发展，提供相应的学习机会和平台，使他们持续更新知识，提高教育教学水平。也需要增加体育教师的数量，保证每个班级都有专业的体育教师进行教学指导。

3. 推广多样化的体育活动

体育实施不仅仅是课堂上的教学，还需要通过丰富多样的体育活动来激发学生的兴趣和参与度。学校可以组织各类体育比赛、运动会和俱乐部等，培养学生的团队合作精神和竞技意识。也需要关注个体的体育学习，为学生提供多样化的体育选择，满足他们不同的兴趣和需求。

4. 加强体育与其他学科的融合

体育不应该被孤立地看待，而应该与德育、智育、美育和劳育等进行有机的结合。学校可以通过组织综合活动和课程设置等方式，将体育与其他学科融合起来，使学生能够在体育中获得德、智、美、劳等各方面的培养。

（四）体育与其他教育的融合

在五育融合教育中，体育作为基础育之一，与其他学科的融合，可以实现更全面、综合的教育目标。

体育与德育的融合是非常紧密的。体育活动有助于培养学生的团队合作精神、竞争意识和公平竞争的原则。通过参与体育活动，学生可以学会尊重他人、遵守规则和公正处理问题，进而培养他们良好的道德观念。

体育与智育的融合也非常重要。体育活动可以促进学生的智力发展，提升学习能力。通过体育运动，学生可以锻炼自己的思维能力、创造力和解决问题的能力。体育活动可以激发学生的学习兴趣，提高他们的学习动力，使他们在其他学科的学习中取得更好的成绩。

体育与美育的融合也具有重要意义。体育活动可以培养学生的审美能力和艺术修养。通过体育活动，学生可以欣赏运动的美感，感受身体的韵律和动感。体育活动还可以激发学生的创造力和想象力，培养他们的艺术才能和表演能力。

体育与劳育的融合也必不可少。体育活动可以培养学生的劳动意识和劳动技能。通过参与体育活动，学生可以锻炼自己的体力、耐力和毅力。同时，体育活动还可以培养学生的团队合作精神和责任心，让他们了解劳动的重要性和价值，进一步培养他们的劳动观念和劳动习惯。

四、美育为魂

（一）美育的重要性

1. 提高学生的审美素养和艺术修养

通过接触、学习和欣赏各种艺术形式，学生可以培养对美的感知能力和鉴赏能力。他们可以欣赏到美存在于各个领域的无穷魅力，从而提高了他们的审美情趣和艺术境界。

2. 培养学生的创新思维和创造力

艺术是一种自由表达的方式，通过参与艺术创作和表演等活动，学生可以锻炼自己的想象力和创造力。他们可以通过艺术来表达自己独特的思想和情感，激发自己内在的潜能，提升自己的创新能力。

3. 培养学生的情感态度和情绪管理能力

艺术作为一种情感的表达方式，可以让学生感受到各种情绪的引发和表达。通过欣赏和理解艺术作品，可以培养学生对他人的同理心和情感共鸣的能力。他们也可以通过艺术来调节自己的情绪，改善情感状态，提高情绪管理能力。

（二）美育的目标

在五育融合教育中，美育被视为魂，在培养学生全面发展和提高其综合素质中起着重要的作用。美育的目标是通过艺术和审美教育来培养学生的审美意识、审美能力和审美情感，使他们拥有艺术修养和美的追求。

1. 培养学生的审美意识

应通过接触、欣赏和分析各种艺术形式，培养学生对美的敏感性和观察力。他们要学会欣赏不同领域的艺术作品，如绘画、音乐、舞蹈等，从中感知美的存在和价值。

2. 培养学生的审美能力

要通过艺术实践和创造性活动，让学生能够运用所学的美学知识和技能，表达自己的情感和想法。他们要学会运用色彩、线条、形状等元素进行构图和表现，培养自己的艺术创造力和表达能力。

3. 培养学生的审美情感

通过与各种艺术作品互动和沉浸式体验，要引导学生产生情感共鸣，提升情感表达能力。他们要发展对美的情感体验，通过观赏和创作艺术作品，获得内心的愉悦和满足，提高心理素质和情绪管理能力。

4. 使学生拥有艺术修养和美的追求

要通过系统的艺术教育和文化熏陶，培养学生良好的艺术修养和文化素养。帮助他们理解艺术与生活的关联，培养对传统与现代文化的认知和欣赏能力，使他们在面对各种艺术形式和文化现象时能够有较高的品味和判断力。

（三）美育的实施策略

1. 整合课程资源，构建美育体系

学校应充分利用各类课程资源，将美育融入各科教学中。例如，在历史课上讲述古代艺术，让学生感受传统文化的魅力；在语文课上分析文学作品中的美学元素，培养学生的审美情趣。同时，学校还可以开设专门的美术、音乐、舞蹈等美育课程，为学生提供更加系统的学习体验。

2. 创新教学方法，激发学习兴趣

美育教学应注重学生的参与和体验，采用多种教学方法激发学生的学习兴趣。例如，可以通过项目式学习，让学生在实践中探索美、创造美；可以通过情境教学法，让学生在具体情境中感受美、理解美。此外，教师还可以利用多媒体技术，为学生呈现更加丰富多彩的美育内容。

3. 加强师资培训，提升教学能力

美育教师的专业素养和教学能力直接影响美育实施的效果。学校应加强对美育教师的培训，提升他们的教学水平和创新能力。可以组织教师参加专业培训、学术交流等活动，拓宽教师的视野和知识面；可以鼓励教师开展教学研究，探索更加适合学生

的美育教学方法。

4. 营造校园文化，营造美育氛围

校园文化是学校美育实施的重要载体。学校应营造良好的校园文化氛围，让学生在潜移默化中接受美的熏陶。可以通过举办艺术节、音乐会、画展等活动，展示学生的才艺成果；可以通过布置校园环境，营造美的视觉体验。同时，学校还应加强与其他学校的交流合作，共同推动美育事业的发展。

5. 完善评价体系，促进全面发展

美育评价是检验美育实施效果的重要手段。学校应建立完善的美育评价体系，将学生的审美能力、创造力、人文素养等方面纳入评价范围。同时，还应注重过程性评价和表现性评价的结合，关注学生的个体差异和发展需求。

五、劳育为行

（一）劳育的重要性

劳育有助于培养学生的劳动意识。在现代社会，劳动被普遍视为价值的体现，通过劳动，人们能够实现自我价值。劳育可以引导学生正确认识劳动的重要性，并培养他们愿意通过劳动来实现自己价值的意识。学生在参与劳动过程中，能够体验到汗水和付出背后的收获，从而意识到劳动不仅是一种责任，更是一种享受和成长。

劳育有助于培养学生的劳动技能。劳动技能是学生实践能力的重要组成部分。通过参与各种劳动实践活动，学生能够锻炼动手能力、动脑能力和解决问题能力，提升他们的实践操作能力和技术水平。例如在学校的农田实验田里，学生通过亲自动手种植、养殖等活动，不仅能够学习农业知识，更能够提高他们的动手能力和创新思维，培养他们解决问题的能力。

劳育有助于培养学生的劳动习惯。习惯是形成一个人行为方式和生活方式的长期积累。通过劳育，学生将培养良好的劳动习惯，例如坚持按时完成任务、勤俭节约、合理安排时间等。劳育可以通过给学生分配一些实际的劳动任务，让他们在协作中培养团队意识，通过劳动的日常操作，养成习惯和规范，使学生在未来的工作和生活中具备自律、自主和自觉的品质。

（二）劳育的目标

1. 培养学生的动手能力

在实际动手的过程中，要锻炼学生的手眼协调能力、操作技能以及创造力。劳育课程提供了丰富多样的实践活动，例如木工、陶艺、编程等，需要让学生亲身体验和参与其中，逐渐掌握一定的手工技能，提升实践能力。

2. 培养学生的实践能力

劳育必须注重学生的实际操作和实践应用能力的培养，让他们在实际中学以致用。通过参与各种实践活动，学生要更好地理解学到的知识，并能够将其应用到实际生活中。劳育课程不仅提供理论的学习，更要注重实践的训练，帮助学生逐步形成自己的实践技能与能力。

3. 培养学生的社会适应能力

在实际动手的过程中，要让学生与他人合作、交流和协作。需要通过团队合作，培养学生良好的沟通与协作能力，学习如何适应社会的变化和多样性。劳育课程可以以小组合作的形式展开，让学生在团队中相互学习、合作，培养其解决问题的能力和适应社会的素养。

4. 激发学生的创造力和创新意识

劳动实践中，学生可以自由地思考和发挥自己的想象力和创造力，尝试不同的方法和解决方案。劳育要重视培养学生的创新思维和实践能力，鼓励他们走出舒适区，勇于尝试和创造，培养未来社会所需的创造型人才。

（三）劳育的实施策略

1. 明确劳育目标

劳育的目标不仅是培养学生的劳动技能，更重要的是培养他们的劳动习惯、劳动精神和劳动价值观。因此，在实施劳育时，应明确这一目标，确保教育活动的针对性和实效性。

2. 整合课程资源

为了有效实施劳育，学校应充分利用和开发各类课程资源。这包括将劳动教育融入学科教学中，如科学、技术、工程和数学等学科都可以与劳动教育相结合；同时，还可以开发专门的劳育课程，如手工制作、园艺、木工等，以满足学生的不同兴趣和需求。

3. 开展实践活动

实践是劳育的核心。学校应组织丰富多彩的实践活动，如社区服务、校园绿化、手工制作等，让学生在实践中体验劳动的乐趣，培养劳动技能。此外，学校还可以与企业、社区等合作，为学生提供更多的实践机会。

4. 培养劳动习惯

劳育不仅要注重技能的培养，更要重视劳动习惯的养成。学校应通过制定劳动制度、设立劳动岗位等方式，让学生在日常生活中参与劳动，形成良好的劳动习惯。同时，教师还应以身作则，用自己的言行影响学生，培养他们的劳动精神。

5. 加强师资培训

教师是实施劳育的关键力量。为了提高教师的劳育能力，学校应加强师资培训，提高教师的劳动教育意识和能力。此外，学校还可以邀请劳动教育专家、工匠等来校开展讲座或指导工作，为教师提供更多的学习机会。

6. 完善评价体系

学校应建立完善的评价体系，将劳育成果纳入学生综合素质评价中，以激励学生积极参与劳动活动。同时，学校还应定期对劳育实施情况进行评估和总结，以便及时调整和改进。

第二章　中学五育融合教育的教学创新策略

第一节　教学理念创新

一、以学生为中心的教学理念

（一）以学生为中心的教学理念的定义及特点

以学生为中心的教学理念又是一种教学模式，其核心思想是将学生作为学习的主体，关注、尊重和满足学生的学习需求和兴趣，以促进学生全面发展。这一理念与传统的以教师为中心的教学模式形成鲜明的对比。

以学生为中心的教学具有以下几个特点。首先，它尊重和关注个体差异。不同的学生有不同的学习风格、兴趣爱好和学习需求，以学生为中心的教学鼓励学生发挥自己的独特性，满足学生的个性化需求。其次，它鼓励学生的参与和互动。以学生为中心的教学强调学生的主动性和参与性，通过小组讨论、合作学习和案例分析等方式，激发学生的思维活动和创造力。再次，它促进了学生的自主学习能力的培养。以学生为中心的教学鼓励学生进行主题选择、学习目标的设定和学习方法的探索，培养学生的学习策略和问题解决能力。最后，它强调终身学习习惯的培养。以学生为中心的教学追求学生的全面发展和终身学习能力的养成，通过引导学生养成良好的学习习惯和自我反思的能力，培养学生的自觉学习意识和学习动机。

在五育融合教育中，以学生为中心教学理念的应用具有重要的意义。首先，它能够充分发挥学生的主体作用，激发学生的学习兴趣和学习动力，促进学生的全面成长。其次，它有利于培养学生的学习能力和自主学习能力，提高学生的学习效果和学习质量。再次，它能够加强学生与教师之间的互动和合作，构建良好的师生关系，为学生提供更有针对性和个性化的学习支持和指导。最后，以学生为中心的教学理念能够培养学生的创新和实践能力，培养学生解决问题和面对挑战的能力，为学生的未来发展打下坚实的基础。

（二）以学生为中心的教学理念在五育融合教育中的实施策略

1. 建立良好的师生关系

教师应该与学生建立密切而信任的关系，关心他们的成长和发展。通过积极与学生互动、倾听他们的声音，教师能够更好地了解每个学生的兴趣、能力和需求。

2. 引导学生主动参与

学生在学习中应该发挥更大的主动性和积极性。教师可以通过启发性问题、小组合作、实践活动等方式，激发学生的学习兴趣，鼓励他们表达自己的想法和观点。

3. 注重个性化教学

个性化教学是实施以学生为中心教学的重要途径。教师应该充分了解学生的不同学习风格和能力水平，并针对个体差异提供个性化的学习支持和指导。这包括为学生设计个性化的学习任务、提供多样化的学习资源和评价方式等。

4. 注重实践性教学

实践性教学也是实现以学生为中心教学的重要手段。通过提供具体的实践机会和体验式学习，学生能够在实践中探索、尝试、反思，并通过实践提升他们的实践能力和解决问题的能力。

5. 积极倾听学生的反馈

为了确保学生参与教学的质量和效果，我们应该积极倾听学生的反馈。学生的意见和建议对于优化教学和改进教学方法非常宝贵。通过定期与学生进行沟通和反馈，教师可以及时调整教学策略，适应学生的学习需求。

（三）以学生为中心教学理念在五育融合教育中的效果分析

以学生为中心的教学理念重视学生的主动参与和自主学习。在五育融合教育中，学生不再被动接受知识，而是成为学习的主体。他们通过自主选择学习内容、自主制订学习计划和自主评价学习成果，积极参与到学习过程中。这种参与和自主性激发了学生的学习动力和积极性，提高了学习效果和学习质量。

以学生为中心的教学理念注重培养学生的合作能力和创新思维。在五育融合教育中，学生通过小组合作、项目研究等形式，积极参与到团队合作和问题解决的过程中。这种合作和创新培养了学生的团队意识、沟通能力和创造性思维，使他们能够更好地适应和应对未来社会的挑战。

以学生为中心的教学理念关注学生的个性化需求和个体发展。在五育融合教育中，学生的差异性和个性化需求被充分考虑。教师通过灵活的教学方法和资源的个性化配置，为学生提供个性化学习支持和指导，帮助他们发现和发展自己的优势和潜力。

二、全面发展教学理念

（一）全面发展教学理念的定义及特点

全面发展教学理念是指在教育过程中，注重培养学生多方面的能力和素养，让学生全面发展的教学理念。它强调学生作为个体的发展，并关注学生的认知、情感、社会实践和身体等方面的全面成长。全面发展教学理念的特点包括以下几个方面。

全面发展教学理念尊重个体差异。每个学生都有自己独特的天赋和兴趣，全面发展教学理念通过关注学生的多元发展需求，充分尊重和发展每个学生的潜能。该教学理念倡导教师根据学生的个体特点，设计灵活多样的教学活动，满足不同学生的发展需求。

全面发展教学理念强调学科知识与能力的统一发展。传统教育往往注重学科知识的传授，而忽视了学生的综合能力培养。全面发展教学理念强调学科知识与学生能力的有机结合，通过跨学科学习和实践活动，培养学生的创新思维、解决问题的能力、沟通合作的能力等综合素养。

全面发展教学理念强调实践和情感的融合。学生只有在实践中才能真正理解和掌握知识，因此全面发展教学理念鼓励学生通过实践、体验来加深对知识的理解和应用。全面发展教学理念还关注学生的情感成长，让学生自尊、自信、自律，使学生具备良好的情感素养。

（二）全面发展教学理念在五育融合教育中的实施

在五育融合教育中实施全面发展教学理念是确保学生各个方面能力全面发展的重要手段。首先，在教学过程中，教师应根据学生的不同特点、学习兴趣和个性化需求，采用多样化的教学方法。例如，可以结合讲授、示范、实验等方法，让学生全面参与，提高学习的兴趣和积极性。其次，教师应注重培养学生的多元智能和创新能力。通过组织各类文化艺术活动、社会实践等活动，培养学生的综合素质和能力。同时，教师还可以通过开展小组合作学习和项目式学习等方式，培养学生的合作与沟通能力。再次，教师要关注学生的自主学习和自主发展。通过设置开放性问题、给予独立思考的机会，鼓励学生主动探索解决问题的方法和策略。最后，要进行有效的评价和反馈。教师应采用多种形式的评价方式，如作业、小组报告、项目展示等，及时给予学生反馈和指导，帮助他们提高自我认知和自我调控能力。

（三）全面发展教学理念在五育融合教育中的效果分析

在中学五育融合教育中，践行全面发展教学理念能培养学生的全面素质和能力，同时关注学生的个体差异，提供个性化的教学服务。

1. 提高学生的综合能力

在五育融合教育中，学生不仅需要掌握学科知识，还需要培养自己的创新能力、沟通能力、合作能力等。全面发展教学理念注重培养学生的多元智能，并通过跨学科的教学方法，帮助学生更好地整合知识和技能，这样能够促进学生的综合能力的全面发展。

2. 促进学生终身学习能力的培养

在现代社会，知识更新的速度日新月异，学生需要具备不断学习和适应的能力。全面发展教学理念注重培养学生的自主学习能力，为学生提供丰富多样的学习资源和机会，培养学生的学习策略和方法。这样能够使学生具备终身学习的能力，能够更好地适应未来的社会发展。

三、个性化教学理念

（一）个性化教学理念的定义及特点

个性化教学强调尊重学生的个体差异，充分考虑学生的兴趣、能力、学习风格等方面的差异，并通过不同的教学策略和方法，满足学生个体化的学习需求。

个性化教学注重学生的主体地位和独特性。它认为每个学生都是独一无二的，具有自己的兴趣、特长、学习风格等方面的特点。因此，在个性化教学中，教师不再一刀切地给出统一的教学方法，而是根据学生的差异性，为他们提供多元化的学习机会和资源，让每个学生都能得到适合自己的学习体验。

个性化教学重视学生的学习动机和自主学习能力的培养。它认为学生的学习兴趣和主动性是学习的重要动力，因此，在个性化教学中，注重激发学生的学习兴趣和主动性，培养他们的自主学习能力。

个性化教学强调学习过程的个体化和多样性。它认为每个学生的学习过程是独立的，并且具有差异性。在个性化教学中，教师将更多的关注放在学生的学习过程中，关注学生的思维方式、问题解决能力和学习策略的发展。教师将灵活运用教学资源和教学工具，引导学生通过自主探究和合作学习的方式，构建自己的学习路径和知识结构。

（二）个性化教学理念在五育融合教育中的实施策略

为了有效地将个性化教学理念融入五育融合教育中，我们需要制定一系列的实施策略。下面将介绍几个关键的实施策略。

1. 建立学生档案和评估机制

通过收集学生的学习成绩、兴趣爱好、学习风格、家庭背景等信息，我们可以更好地了解每个学生的特点和需求。同时，定期对学生进行评估，以便及时发现他们的潜力和需求。

2. 采用灵活多样的教学方法和策略

个性化教学要求教师主动地根据学生的特点和需求调整教学内容、教学方式和教学节奏。教师可以采用小组讨论、课堂互动、项目学习等多种教学形式，以满足不同学生的学习需求和兴趣。此外，教师还可以使用多媒体技术和信息化手段，提供个性化的学习资源和辅助教学工具。

3. 注重开展个性化的评价和反馈

传统的分数评价方式往往无法全面反映学生的学习情况和能力。因此，我们需要通过多种方式来评价学生的学习成果，例如口头表达、书面作业、课堂表现等。此外，及时给予学生个性化的反馈是非常重要的，教师可以与学生进行一对一的交流，帮助他们分析问题、解决困惑，从而促进他们的个人成长。

4. 注重家校合作，共同关注学生的全面发展

家庭是学生成长的重要环境，与家长保持密切的沟通和合作可以更好地了解学生的家庭背景和需求。教师可以与家长定期进行交流，分享学生的学习情况和成果，得到家长的反馈和支持。同时，家长也可以在家庭中给予学生更多的关注和引导，与学校共同促进学生的个性化发展。

（三）个性化教学理念在五育融合教育中的挑战及其对策

其一，个性化教学需要充分了解每个学生的特点和需求，在大班级中实施时可能会面临时间和资源的限制。对于教师来说，了解、分析和应对每个学生的差异需要更加细致入微的工作，这对于已经繁忙的教师来说是一项挑战。

其二，需要较多的教育支持和资源投入。个性化教学需要更多的时间、人力和物力资源来实施，但当前的教育体制和教学模式往往难以满足这一需求。因此，教育机构需要进行相应的调整，提供更多的支持和投入，以便教师能够更好地实施个性化教学。

其三，要实施个性化的教学评估与考核。个性化教学理念注重每个学生的个体差异，因此，常规的考试和评价方式可能无法准确反映学生的真实水平和成长。为了解决这个问题，需要探索出与个性化教学相适应的新的评估方法和符合个性化教学理念的考试方式。

对于个性化教学在五育融合教育中的挑战，我们需要采取一系列对策来克服。首先，教育机构应提供持续的专业发展和培训，帮助教师更好地理解和应用个性化教学理念。其次，教师应加强协作和经验分享，互相学习和借鉴个性化教学的实施策略。最后，我们还应积极探索新的技术手段和教育资源，为学生提供更多个性化学习的机会，例如在线学习平台、个性化学习软件等。

四、实践创新教学理念

（一）实践创新教学理念的定义及特点

实践创新教学理念将学生自主实践与创新能力培养作为教学的核心目标，并通过创新的教学方式和方法来达到这一目标。实践创新教学强调学生的参与性和主动性，注重培养学生的实践能力和创新思维。在实践创新教学中，学生不仅仅是知识的被动接受者，更是创造者和实践者。

实践创新教学理念的特点有以下几个方面。首先，注重培养学生的实践能力。通过实践活动，学生可以将理论知识应用于实际情境中，培养解决问题的能力和动手能力。其次，强调学生的创新思维。在实践创新教学中，鼓励学生发散思维，提倡不拘

一格的思考方式，培养学生的创新意识和创造力。再次，重视学生的自主学习。实践创新教学注重培养学生的自主学习能力，通过引导和激发学生的学习主动性，使他们能够在实践中探索和发现知识。最后，注重实践与理论的结合。实践创新教学理念旨在将理论与实践相结合，通过实践活动来加深对理论知识的理解和应用。

（二）实践创新教学理念在五育融合教育中的实施策略

教师可以通过组织实践活动来培养学生的动手能力和实践能力。实践活动可以是实验、实地考察、社会实践等，让学生亲身参与并体验到真实的情境。

教师可以为学生提供丰富的实践机会和资源。例如，在课堂上引入案例分析、角色扮演等形式，让学生通过实际操作和模拟情境来深入理解和应用所学知识。学校也可以积极与社会资源对接，为学生提供实习、实训的机会，让学生接触到真实的职业环境和专业实践。

实践创新教学理念还可以通过项目或课题研究来实施。教师可以设立具有一定挑战性和实践性的项目，让学生分组合作，在解决实际问题的过程中培养创新思维和团队合作能力。

实践创新教学理念的实施需要教师具备相应的教学方法和策略。教师应该灵活运用问题导向的教学方法，鼓励学生提出问题、寻找解决方案，并引导学生进行探究式学习。

第二节　跨学科融合教学

一、跨学科融合教学策略

（一）教学设计策略

在跨学科融合教学中，教学设计需要兼顾多个学科的知识内容和技能要求，以及培养学生的综合能力。

1. 明确跨学科融合教学的目标

教师应该清楚地知道自己想要通过跨学科融合教学实现什么样的教育目标，例如培养学生的创新思维能力、提高学生的问题解决能力等。只有明确目标，才能有针对性地设计教学活动和任务。

2. 充分考虑学生的学习特点和需求

在教学设计中，教师应该倾听学生的声音，了解他们的学习习惯、兴趣爱好和潜在能力，从而更好地调整教学策略和内容。同时，教师还应该根据学生的学习特点，合理安排教学活动的难度和复杂度，确保每个学生都能够参与到学习过程中并取得积极的学习成果。

3．注重跨学科的整合与连接

跨学科融合教学的关键在于将不同学科的知识和技能有机地结合起来，形成有意义的整体。在教学设计中，教师可以采用项目化学习、情景模拟等方法，将学科之间的联系充分展现出来，帮助学生更好地理解和应用知识。

4．注重学生的参与和合作

在跨学科融合教学中，学生应该成为学习的主体，教师则充当引导者和支持者的角色。因此，教学设计中应该包含一系列学生参与度高、能激发学生合作的教学活动，例如小组讨论、合作项目等。通过这样的设计，学生不仅可以主动参与到学习中，还能够培养团队合作、沟通协作等社交技能。

（二）教学实施策略

在跨学科融合教学中，教学实施策略的目标是通过有效的方法和手段，确保学生在学习过程中能够全面发展各个能力，实现五育的统一。以下将介绍一些有效的教学实施策略，以帮助教师更好地开展跨学科融合教学。

1．注重学习任务的设计和组织

在跨学科融合教学中，一个重要的任务是将不同学科的知识和技能有机地结合起来，形成一个有意义的学习任务。因此，教师需要仔细设计任务的目标、内容和步骤，确保学生在解决问题的过程中能够综合运用各个学科的知识和技能，培养跨学科思维和跨学科学习能力。

2．创设有利于跨学科融合教学的学习环境

学习环境的构建对于学生的学习效果和学习动力有着重要的影响。教师可以通过创设多样化的学习场景和情境，激发学生的学习兴趣和积极性。教师还可以利用现代教育技术，为学生提供更丰富的学习资源和更广阔的交流平台，促进跨学科合作和交流。

3．运用多样化的教学方法和策略

在跨学科融合教学中，教师可以选择适合不同学科融合的教学方法，如问题解决、案例分析、实践探究等。通过灵活运用这些方法，教师可以激发学生的探索精神和创新能力。

4．充分激发学生的参与和合作

跨学科融合教学强调学科之间的互动和交叉，在学习过程中，学生需要通过合作和交流来共同解决问题。因此，教师可以组织小组合作、项目合作等形式，鼓励学生在跨学科活动中相互协作、相互支持，共同完成学习任务。

（三）教学评估策略

在跨学科融合教学实践中，通过科学有效的教学评估策略，可以对学生的学习情况进行全面、客观的了解，从而为教学提供有力的支持和改进的方向。

其一，我们可以采用多元化的评估手段来全面了解学生的学习状况。这包括考试、作业、实验报告、小组讨论和课堂观察等多种评估方式的结合。通过考试可以检测学生对知识的掌握程度，作业则注重学生对所学内容的应用与理解，实验报告则评估学生的实验能力和科学思维，小组讨论可以展现学生的合作与交流能力，课堂观察则能够触及学生的日常实际表现。

其二，我们可以引入跟踪评估的方法，对学生的学习进展进行持续观察和记录。跟踪评估可以通过记录学生在不同时间点的表现、成绩、作业完成情况等来追踪学生的学习情况。这样做可以及时发现学生的学习问题，并采取针对性的教学干预措施，帮助他们迅速克服困难，提高学习效果。

其三，我们还可以运用形成性评价的方法来对学生的跨学科能力进行评估。形成性评价注重对学生学习过程中的反馈和指导，通过对学生的观察、思考、探究，以及对他们作品、报告、展示等的评价，来评估他们的跨学科思维、问题解决能力、创新思维等综合能力的发展情况。这种形式的评估不仅可以给予学生及时的反馈和激励，也可以为教师提供宝贵的参考，用于调整和改进跨学科融合教学的策略和方法。

二、跨学科融合教学实践

（一）跨学科融合教学的实践过程与操作

为了顺利开展跨学科融合教学实践，我们需要进行详细的实践设计。在设计阶段，我们应当充分考虑学生的学习需求和目标，结合课程内容和学科特点，制定出科学合理的实践方案。这一步骤的关键是明确各学科之间的关联性与交叉点，以及如何有效地整合不同学科的知识和技能。例如，在一堂以历史为主题的跨学科融合教学课程中，教师可以设置一些开放性问题，要求学生通过综合运用历史、地理、文学等学科的知识和方法进行研究和探索。

实践过程应当注重学生的参与与合作。在跨学科融合教学中，学生是主体。因此，教师可以鼓励学生进行小组合作学习，通过合作探究和讨论，促进知识的交流和共享。例如，在一个跨学科融合教学的科学课堂中，学生可以分成小组进行实验，结合数学知识进行数据分析，再通过写作、展示等形式将实验结果呈现出来。

在实践过程中还应注重探究性学习与综合评价。跨学科融合教学鼓励学生通过实践来掌握知识和技能，培养学生的创新思维和解决问题的能力。因此，在实践中，教师应当引导学生进行探究性学习，通过自主探索与实践，激发学生的学习兴趣和动力。教师还可以采用多元化的评价方式，综合考察学生跨学科综合能力的发展情况。比如，通过作品展示、课堂演讲、书面报告等方式，全面评价学生在跨学科融合教学中的学习成果和能力提升情况。

（二）跨学科融合教学实践成果与评估

跨学科融合教学作为一种教育模式，旨在通过将不同学科的知识和技能相互结合，培养学生的多元智能和综合能力。

在实施跨学科融合教学的过程中，我们采取多种教学策略，例如项目学习、问题解决、合作学习等。这些策略都能够鼓励学生主动参与和积极思考，培养他们的探究精神和合作能力。通过跨学科融合教学，学生可以在解决实际问题的过程中，运用不同学科的知识和技能，提升自身的学习效果和综合素养。

实践中，我们还注重对学生的实际表现进行评估。评估方法包括观察记录、作品展示、小组讨论和个人反思等。通过观察记录，我们能够了解学生在跨学科融合教学中的参与程度、表现水平以及解决问题的能力。作品展示则能够展示学生在项目学习或综合作业中所取得的成果。小组讨论既能够促进学生之间的交流与合作，又能够评估整个小组在跨学科融合教学中的协作能力。而个人反思则让学生对自己的学习过程进行深入思考，反思自身存在的问题和不足之处。

通过对教学实践成果的评估，我们可以全面了解学生在跨学科融合教学中的发展和进步。同时，评估的结果也为我们提供了进一步改进教学方法和策略的参考。

第三节 教学资源的优化配置

一、教学资源优化配置的必要性与原则

（一）教学资源的分类与特性

在中学五育融合教育中，教学资源的合理分类与特性分析是优化配置的基础和前提。将教学资源的类型根据其性质和用途进行划分，可以更好地满足教育实现帮助学生全面发展的目标。

我们将教学资源分为物质资源和非物质资源两大类。物质资源包括教室、实验室、计算机、仪器设备等可以直接为学生提供物质支持的资源。而非物质资源则包括教师、学生、教材、课程等无形的、可以通过传授、管理和协助等方式影响教学效果的资源。

对于物质资源，我们可以进一步进行分类。例如，教室可以分为普通教室、实验教室、语音室等。而实验室又可以细分为化学实验室、物理实验室、生物实验室等。这种细分可以根据不同学科的教学需求，有针对性地进行资源优化配置，以提高教学效果。

除了物质资源，非物质资源也具有多样性。教师作为教学的主导者，其专业能力和教学风格对教学资源的优化配置起着重要作用。学生则是教学资源的直接接受者和

利用者，他们的个性特点、学习需求、兴趣爱好等都需要被充分考虑。教材的选择和编排也是影响教学效果的重要因素。课程的设计与组织也是教学资源优化配置不可忽视的一环。

在教学资源分类的基础上，我们需要深入分析不同资源的特性。通过了解各类资源的特点和功能，我们能够更好地进行资源的合理配置和利用。例如，教室资源的特点是提供了一个学习和交流的场所，可以根据教学目标和学生人数来选择合适的教室。教师资源的特点是具有专业知识和教育经验，可以通过灵活运用各种教学方法和手段来满足学生的需求。课程资源的特点是根据教学目标和学科特点进行设计，具有一定的连续性和系统性。

（二）教学资源优化配置的必要性

教学资源的优化配置是中学五育融合教育创新的关键环节之一。通过合理配置教学资源，可以为学生提供丰富多样的学习机会和资源支持，促进其全面发展。教学资源的优化配置不仅可以提高教学效果，还有助于构建良好的教育环境和培养学生的创新能力。

教学资源的优化配置可以满足不同学生的学习需求。学生在学习上存在差异性，有些学生对于理论知识更感兴趣，而有些学生更善于实践操作。通过充分利用各种教学资源，例如图书馆、实验室、计算机等，可以满足不同学生的学习需求，为他们提供适合他们的学习机会，激发学生的学习兴趣和学习潜力。

教学资源的优化配置可以提高教学效果。合理配置教学资源可以为教师提供更多的教学工具和素材，帮助他们更好地开展教学活动。例如，教师可以利用多媒体教学设备展示生动的教学内容，通过实践性教学方法激发学生的实践能力。此外，优化配置教学资源还可以为学生提供更好的学习环境，创造积极的学习氛围，让学习更加主动。

教学资源的优化配置有助于培养学生的创新能力。创新能力是中学五育融合教育的重要目标之一。通过合理配置教学资源，可以为学生提供开展创新实践的机会。例如，学校可以配备创客实验室和科研基地，为学生提供进行科研项目和创新实践的场所和设备。

（三）教学资源优化配置的基本原则

基于学生需求进行资源配置是优化配置的基本原则之一。不同学生具有不同的学习需求和能力水平，因此教学资源应根据学生的个体差异进行差异化配置。这意味着教师需要根据学生的实际情况，针对不同的学习目标和兴趣爱好，合理选择和配置教学资源，以满足学生的个性化需求。

教学资源优化配置需要充分考虑学科特点和教学目标。教学资源的优化配置应该与学科知识和技能的特点相匹配，并能够有针对性地促进学生对学科内容的理解和掌握。教学资源的配置还应与教学目标相一致，有助于实现教学目标，培养学生的核心素养。

教学资源的优化配置需要注重整体性和协同性。教学资源不仅包括教材、教学设备等物质资源，还包括教师、家长、社会资源等非物质资源。在优化配置过程中，需要综合考虑各种资源的互补性和协同效应，将它们有机地结合起来，形成一个整体性的资源系统。只有这样，我们才能更好地发挥教学资源的综合效能，提高教学的质量和效果。

教学资源优化配置还需要与教学环境和支持体系相结合。教学环境是教学资源发挥作用的场所，例如教室、实验室、图书馆等，这些环境的舒适与否、设施和设备是否齐全都会影响教学资源的优化配置效果。同时，教学资源的优化配置也需要得到相关的支持体系的支持，只有在良好的教育环境和支持体系下，教学资源的优化配置才能顺利实施。

二、教学资源优化配置的策略

（一）教学资源的获取策略

1. 与各种机构和组织建立合作关系

我们应积极与各种机构和组织建立合作关系，以获取丰富的教学资源。这些机构包括图书馆、博物馆、艺术馆、科技中心等。通过与这些机构的合作，我们可以组织学生参观他们丰富的藏品和展品，为学生提供更多样化的学习体验。

2. 注重挖掘并利用社区资源

社区资源是一个宝库，其中包含着丰富的文化和知识。我们鼓励教师和学生主动参与社区活动，与社区的文化组织和志愿者进行交流合作。通过与社区合作，我们可以获得丰富的文化资源，为学生提供更多元化的学习机会。

3. 积极发展网络资源

互联网的快速发展为我们获取教学资源提供了更多的可能性。我们可以与教育资源平台、学术网站、在线教育机构等合作，通过网络获取各种学习资料和教学资源。利用网络资源，我们可以给学生提供更广泛的学科知识资源。

4. 鼓励学生参与实践活动

我们也鼓励学生积极参与外出实践活动，亲身感受和获取教学资源。比如参观企业、参观农田、参观景区等。通过实地参观和实践活动，学生可以深入了解不同领域的实际情况，提高他们的实践能力和综合素质。

（二）教学资源的配置策略

首先，我们应该根据学生的不同特点和需求，制定个性化的资源配置方案。这可以通过了解学生的学习习惯、兴趣爱好以及学习能力等方面来实现。例如，对于学习能力较强的学生，可以提供更多深入拓展性的资源；对于学习能力较弱的学生，则应提供更多基础性的资源，并加强辅导。

其次，教学资源的配置也需要根据不同学科和教学目标进行分配。不同学科有不同的资源需求，教师需要根据实际情况进行判断和选择。例如，在语言类学科中，教学资源可以包括语法教材、练习册和词汇书等；而在科学类学科中，教学资源可以包括实验器材、模型和科学文献等。此外，根据每个阶段的教学目标，也需要有相应的资源配备。例如，在初中阶段，教学资源应注重培养学生的基础知识和学科素养；而在高中阶段，则需要更加注重培养学生的实践操作和创新能力。

再次，教学资源的配置还需要考虑资源的平衡与共享。一方面，教师应根据教学需要来配置资源，确保各个学科和阶段的资源平衡。避免资源过于聚集在某一学科或阶段，导致其他学科或阶段的资源匮乏。另一方面，教师应鼓励教学资源的共享和互动。可以通过组织教师交流会、编写教材或资源库等方式，促进不同教师之间的资源共享与互助。这样既能避免资源浪费，又能提高资源的利用效率。

最后，教学资源的配置策略也需要与新技术的应用相结合。随着信息技术的快速发展，教学资源的形式也得以不断拓展和更新。教师可以借助电子板书、多媒体教学、网络资源等新技术手段，将传统教学资源与现代科技相结合，提高教学效果和学生的学习积极性。

（三）教学资源的利用策略

1. 充分利用数字化教育资源

目前，数字化教育资源已经得到广泛应用，包括在线教育平台、教学软件等。通过使用这些资源，学生可以进行线上学习、自主学习和个性化学习。借助互联网的力量，教学资源得以大规模分享和共享，师生之间的互动更加频繁和便捷。

2. 注重实物教学资源的运用

实物教学资源包括物理实验器材、文化艺术品、模型等。这些资源可以让学生在实践中获得更深入的理解和体验。例如，在物理课上，通过进行实际的实验操作，学生可以亲自探索物理现象，培养科学实践能力。因此，教师在教学过程中应当充分发挥实物教学资源的作用，使学生能够亲身参与其中，提升他们的学习效果。

3. 注重创意教学资源的应用

创意教学资源包括教学游戏、课程互动等创新教学手段。通过引入创意教学资源，能够激发学生的兴趣和创造力，提高他们的参与度和积极性。例如，通过设计有趣的教学游戏，可以将知识点融入其中，从而使学生在玩乐中学习。因此，在教学资源的利用过程中，我们应当积极探索创意教学资源，并灵活应用到教学中。

4. 注重社会资源的利用

社会资源包括各种社团组织、社会实践机会等。学校对社会资源的利用可以拓宽学生的视野，帮助他们更好地了解社会、掌握实践技能。例如，与企业合作开展实践活动，能够让学生亲身体验职业生活，增强他们的职业素养。

（四）教学资源的更新策略

随着时代的变迁和教育的发展，教学资源需要不断地更新和改进，以满足学生和教师的需求。以下将探讨教学资源的更新策略，以确保教育的持续发展，不断提高中学五育融合教育的质量。

1. 教学资源的更新应建立在教学需求和教学目标之上

教师应对当前的教学情境进行深入的分析和研究，了解学生的学习需求以及教师在教学中遇到的难题和挑战。然后，根据这些需求和目标明确教学资源的更新方向和重点。例如，如果发现学生在某一领域存在较大的困惑和学习障碍，教师可以着重更新与该领域相关的教学资源，以提供更有针对性的辅导和指导。

2. 教学资源的更新策略应考虑教学内容的时效性和更新速度

在当今快速发展的社会中，知识和信息的更新速度非常快。因此，教师在更新教学资源时应关注时效性，采用最新的教学资料和方法。同时，应该定期审查和更新教学内容，确保教学资源与时俱进。通过与学科专家的交流和参与教育研究，教师可以及时获取最新的知识和教学理念，并应用到实际的教学当中。

3. 教学资源的更新应注重多元化和个性化

每个学生都是独特的个体，具有不同的学习方式和兴趣爱好。因此，在更新教学资源时，应尽量提供多样化的选择和个性化的教学内容。教师可以根据学生的兴趣和需求，选择不同类型的教材、教具和教学活动，以激发学生的学习兴趣和主动性。同时，教师还应充分利用现代技术手段，如互联网、多媒体等，提供丰富多样的学习资源，让学生能够根据自己的学习风格和节奏来获取知识和进行学习。

4. 教学资源的更新要进行及时评估和反馈

教师在更新教学资源后，应及时进行评估和反馈，了解教学资源的效果和影响，并根据评估结果进行必要的调整和改进。教师可以通过观察学生的学习情况、听取学生的意见和反馈，以及进行教学记录和教学反思等，对教学资源的更新进行持续的监控和评估。

三、教学资源优化配置支持系统的建设

（一）支持系统的设计原则

教学资源优化配置的支持系统是中学五育融合教育中资源优化非常重要的一部分，它的设计需要遵循一些原则，以确保其能够有效地支持教学资源的优化配置。

1. 整体性与系统性原则

支持系统需要考虑整个中学五育融合教育的全局性，而不仅仅是片面地关注某个方面。它应该能够整合各种教学资源，包括知识性、技能性、情感性、体验性和实践性资源，以促进学生全面发展。

2. 个性化与差异化原则

每个学生都有不同的特点和需求，因此支持系统应该能够根据学生的个性差异提供相应的资源和活动。它应该能够为每个学生量身订制教学计划，满足其个性化的学习需求，帮助他们充分发展自身潜力。

3. 协作与互动原则

支持系统应该能够促进师生之间、学生之间以及学校与家庭之间的良好合作与互动。它应该提供适当的协作平台，帮助学生进行团队合作和社区参与，促进他们的交流与合作能力的培养。

4. 灵活性与可扩展性原则

支持系统应该具备一定的灵活性和可扩展性，能够随着中学五育融合教育的不断发展和变化而适应不同的需求。它应该易于更新和升级，以满足教育改革的要求，保持与时俱进。

5. 科技化与智能化原则

借助现代科技手段和人工智能技术，支持系统应该能够提供更智能化的教学资源和服务。例如，它可以利用大数据分析学生的学习情况，提供个性化的学习建议，帮助学生更高效地学习和成长。

（二）支持系统的功能模块

教学资源优化配置支持系统的功能模块应是为了实现中学五育融合教育的目标和要求而设计的。通过功能模块的有机组合和协同工作，支持系统可以提供全面、高效、个性化的支持和服务。下面将介绍该支持系统的主要功能模块。

1. 校内资源管理模块

这个模块的主要任务是对学校内教学资源进行管理、分类和优化配置。通过对教学资源的统一管理，可以确保资源的合理利用和有效配置。该模块还可以根据教师的需求和学生的学习情况，智能地匹配和推荐相应的教学资源，提高资源利用效率和教

学质量。

2. 校外资源拓展模块

该模块致力于整合社会资源，丰富学校的教学资源库。通过与企业、社区和专业机构的合作，可以引入新的教育资源和先进的教学技术。这些校外资源的引入可以为学生提供开阔的视野和实践机会，促进他们的全面发展。该模块也可以为教师提供专业培训和教学资源分享的平台，进一步提升教学质量。

3. 数据分析与评估模块

该模块的任务是对教学资源的使用情况和学生学习效果进行全面的数据分析和评估。通过收集、整理和分析大量的教学数据，可以及时监测和评估教学效果，为教师提供科学的决策依据，帮助他们更好地优化资源配置，提高教学效果。

4. 家校社协同模块

这个模块的目标是促进学校、家庭和社区的紧密合作，以支持学生的全面发展。通过该模块，家长可以实时了解学生的学习情况和教学资源的使用情况，与教师进行及时沟通和反馈，并参与学校的教育决策和活动。

（三）支持系统的建设和利用效果

通过支持系统，教学资源配置能够得到有效的管理和监控。支持系统提供了一套完善的管理机制，能够对教学资源的调配、分配情况进行实时跟踪和监测。教育管理者可以通过系统直观地了解各项教学资源的使用情况，及时调整和优化配置方案，确保资源合理利用，并能及时进行资源补充或调整，以适应学校和学生的需求变化。

支持系统的利用促进了师生互动和信息共享。支持系统通过建立师生互动平台，为教师和学生提供实时交流的机会，使得教学资源的使用更加灵活和便利。教师可以通过系统发布教学资源、交流教学经验，学生可以通过系统获取最新的教学材料和信息，提高学习效果和自主学习能力。学生之间也可以通过系统分享学习心得和交流学习方法，促进互助学习和共同进步。

支持系统为教育过程的评估和改进提供了便利。系统中设立评估模块，能对教学资源的使用效果和学生的学习成果进行定期评估和反馈。教育管理者可以通过系统统计和分析数据，查看资源使用情况和学生成绩表现，及时发现问题和弊端，为教育改进提供科学依据。系统中还设立了反馈机制，使教师和学生可以对资源使用和教学效果进行反馈，为优化配置提供重要参考。

通过支持系统的实施，教学资源优化配置和家校社协同育的有机结合得以进一步实现。支持系统中设置的家校社共享平台，让家长与教师之间可以通过系统进行沟通和交流，分享学生的学习情况和发展动态。同时，社会资源也得以整合进来，通过系统实现学校与社会之间的资源共享和对接，为学生提供更广泛多样的教学资源，丰富学习体验。

第三章　中学五育融合下的课程整合

第一节　五育融合下的课程整合原则

一、五育课程整合的连续性原则

（一）连续性原则的理论基础

连续性原则是指在五育课程整合中，强调不同学科之间的衔接和延伸，使学生在学习过程中能够建立起知识的连贯性和综合性。这一原则的形成是基于教育学和学科教育的理论上的。

连续性原则的理论基础之一是构建知识结构的理论。这一理论提出，学习的知识应当是有层次和逻辑关系的，学生需要通过多个学科的学习来逐步建立起知识结构。

认知心理学的发展也为连续性原则提供了理论支持。根据认知心理学的研究，学习的过程不仅仅是获得知识，更重要的是将新获得的知识与已有的知识进行融合和迁移。

（二）连续性原则应用于教学实践中的要求

在五育课程整合中，连续性原则通过凝练不同学科之间的知识纽带，促进学习内容的交互与衔接，增强学生的学科间综合能力。连续性原则要求以学科知识间的内在联系为依托，构建起知识的脉络，使学生能够更好地理解知识点之间的关系。这有助于学生理解知识的全局，避免将知识片段化。

连续性原则在教学实践中要求教师从知识的历史发展及当下应用的角度出发，将学习过程中的不同学科知识有机结合起来。在教学中，教师可以通过寻找不同学科之间的相关性，设计跨学科的教学活动，以培养学生的整体思维和解决问题的综合能力。例如，在探究某类历史事件时，教师可以引入数学中的统计概念，通过数据分析与推理，拓宽学生对历史事件的理解，同时培养学生的数学应用能力。

连续性原则的应用还要求教师在教学中注重知识的迭代和延伸。通过将学科知识的前后关系呈现给学生，引导学生探索知识的发展脉络以及知识应用于实际生活的方式。

（三）连续性原则在五育课程整合中的应用

连续性原则在五育课程整合中的应用，对于提高学生的整体素质和综合能力具有重要的影响。

连续性原则要求不同阶段的教育内容和学科之间具有一定的衔接性和延续性，使学生在学习过程中能够形成较为完整的知识结构和思维方式。在中学阶段的五育课程整合中，连续性原则体现在课程之间的衔接上。例如，语文和文学课程可以通过选取适合年龄阶段的文学读本，将语文学习与文学欣赏相结合，促进学生对文学作品的理解和欣赏能力的培养。

连续性原则要求教育内容具有层次性和渐进性，让学生在学习过程中能够建立起一个由浅入深、由易到难的知识体系。这种渐进的学习方式有利于学生对知识的掌握和理解。在五育课程整合中，连续性原则体现在不同学科的知识体系的建立上。例如，在科学课程中，通过逐步引入新的概念和实验，让学生逐渐掌握科学的基本原理和方法。

连续性原则还强调教育内容和学习活动之间的连续性和延续性，使学生在不同的学习环境和教育活动中能够形成系统的思维模式和学习习惯。在五育课程整合中，连续性原则体现在学科知识的应用到实践活动的延续中。例如，在数学课程中，可以通过实际问题的解决和数学建模的实践，培养学生的问题解决和数学思维能力。

二、五育课程整合的整体性原则

（一）整体性原则的提出

在教育学领域，整体性原则源于对学生全面发展的需求和认识。传统的学科分割教学模式往往忽视了学生个体的综合能力的培养，缺乏对知识与技能的整体性理解。因此，整体性原则的提出与学生个体的全面发展密切相关。

整体性原则的提出从综合学科的角度来看。在综合学科的理论框架下，强调的是知识的交叉融合和综合运用。很多学科之间存在着内在的联系，通过整合这些学科的知识和技能，可以更好地培养学生的综合能力、批判思维能力和创新能力。

（二）整体性原则在五育课程整合中的应用

整体性原则强调了五育课程之间的相互关联和相互促进，强调从整体上全面培养学生。

在整体性原则的指导下，可以将不同学科的知识和技能进行融合。比如，在语文和科学的整合中，可以将科学实验和科学论述的阅读相结合，提供更全面的学习体验。这种整合不仅能够增强学生对知识的综合理解，还能够培养他们的批判性思维和实践能力。

整体性原则还可以促进不同学科之间的互相借鉴。例如，在数学和体育的整合中，可以通过运动中的计算和测量，培养学生的数学思维和运动技能。这种跨学科的整合不仅能够增强学生的兴趣和参与度，还能够提高他们对学科之间关系的理解。

整体性原则还强调了学科知识与社会实践的结合。在历史和地理的整合中，可以通过实地考察和历史文献的研究，让学生更好地理解历史与地理的联系，并发展他们的综合分析能力。

三、五育课程整合的实践性原则

（一）实践性原则的理论基础

实践性原则主张学生通过实际的实践活动来应用所学知识和技能，从而获得更深入的理解和学习成果。实践性原则是在多个角度的理论基础上形成的。

1. 构建主义学习理论

构建主义认为学习过程是一个主动的、建构知识的过程，学生通过与真实世界的互动，通过实践和经验总结构建自己的知识体系。实践活动可以激发学生的主动学习兴趣，提高学习的积极性和主动性。

2. 情境学习理论

情境学习理论认为学习应该发生在具体的情境中，学生通过在实际情境中应用知识和技能，才能真正理解和掌握它们。实践性原则的实施可以帮助学生从抽象概念转向具体情境的应对，从而更好地理解和应用所学内容。

3. 社会学习理论

社会学习理论认为学习是一个社会化过程，学生通过与他人的交流和合作，从他人的经验中获益。实践性原则提倡学生在实践活动中与他人进行合作和互动，通过协作学习的方式获得更全面的学习成果。

（二）实践性原则在五育课程整合中的应用

五育课程整合的实践性原则强调学生在课程学习中的实践体验和实际操作，以培养学生的实践能力和创新意识。在五育课程整合中，实践性原则的应用可以通过对一系列的课程设计、教学活动和实践项目的整合来体现。

在课程设计方面，实践性原则要求整合具有实践性的任务和项目来促进学生实践能力的培养。例如，在语文课程中，可以设计让学生撰写实际应用的文章或进行实地考察进行记录的任务，使学生将所学知识运用到实际情境中，并加深对知识的理解和记忆。类似地，在数学课程中，可以设计让学生参与数学建模和解决实际问题的活动，培养学生的实际应用能力和解决问题的能力。

在教学活动的整合中，通过组织各类实践性活动，可以使学生在实际操作中掌握知识和技能。例如，在科学课堂上，可以组织学生进行实验和观察，通过自主探究和实践操作，培养学生的科学实验能力和动手能力。在体育课程中，可以组织学生进行各项运动和体育比赛，提高学生的体育技能和团队合作意识。

实践性原则在五育课程整合中的应用还可以通过整合实践项目来实现。实践项目是将所学知识和技能应用于实际情境中的具体项目。通过开展实践项目，可以让学生有机会在实践中提升综合能力和解决实际问题的能力。例如，在社会科学课程中，可以组织学生进行社会调查和社会实践活动，让学生亲身体验社会现象和问题，并提出解决方案。

中学五育融合教育应该充分重视实践性原则的应用，为学生提供更多的实践机会，以培养他们的综合素养和创新能力。只有在实践中的真实体验，学生才能真正理解并掌握知识，真正成为具有创新思维和实践能力的终身学习者。

（三）实践性原则对五育课程整合的影响

五育课程整合中实践性原则的应用使学生对知识的掌握和运用更加全面和灵活。在实践中，学生需要将不同专业领域的知识进行有机的组合，通过解决实际问题来提高综合素养。例如，在一个项目中，学生可能需要运用数学、物理、化学等不同学科的知识，通过实践中的探究和解决问题，将这些知识进行整合，使之形成一个完整的解决方案。这样的实践性学习使得学生的知识面变得更加立体、更加有实际应用的意义。

五育课程整合中应用实践性原则能够帮助学生养成创新能力和问题解决能力。通过实践，学生有机会面对真实的问题和挑战，培养创新思维和解决问题的能力。在实践中，学生需要积极思考和尝试不同的方法，寻找创新的解决方案。

实践性原则在五育课程整合的影响还表现在学生的实践技能和职业素养的培养上。通过实践，学生有机会锻炼和提升各种实践技能，如实验技能、观察和记录技能、分析和解释数据的能力等。这些实践技能的培养对于学生未来的职业发展具有重要意义。

因此，在五育课程整合的实践中，我们应该充分利用实践性原则，为学生提供更多的实践机会，培养他们的实践能力和素养，使之真正成为具有实践能力和创新精神的综合型人才。

第二节　五育融合下的课程整合策略

一、五育整合理念的确立

（一）五育整合的必要性和重要性

五育整合作为一种新的课程发展模式，具有其必要性和重要性。首先，五育整合能够促进学生全面发展。传统的课程体系往往偏重于知识的传授，忽视了学生其他方面的发展，如体育、艺术、社会交往等。而五育整合将不同领域的知识和技能融合在一起，使学生能够全面发展各方面的潜能。其次，五育整合能够培养学生的创新能力和综合素质。现代社会对人才的要求越来越高，不仅需要掌握各种知识，还需要具备良好的创新意识和综合素质。通过五育整合的课程设计和教学方法，可以培养学生的创新思维和综合能力，为他们未来的发展奠定良好的基础。再次，五育整合还能够提高教育的效果和质量。由于五育整合涉及多个领域的知识和技能，学生在学习过程中能够更加全面地理解和应用所学内容，提高学习的效果和质量。最后，多领域的知识和技能的融合也能够激发学生的学习兴趣和动力，使他们更加主动地参与到教育活动中。

（二）五育整合理念的内涵与特征

五育整合是指将传统的五育（智育、体育、美育、劳育、德育）相互融合，共同促进学生发展的一种教育理念。它不再将这些育人目标孤立地看待，而是通过有机的结合和交叉，实现综合素质的培养。五育整合理念的确立正是为了适应当今社会对多元化人才的需求，以及推动学生的全面发展。

五育整合的核心在于将智育、体育、美育、劳育、德育融合在一起，使它们相互渗透、相互促进。传统的教育模式往往偏重于智育，而忽视了其他方面的培养。但五育整合的理念认为，只有全面协调地培养学生的智力、体力、美感、劳动精神和道德素养，才能真正培养出具备多方面能力的人才。

五育整合的特征在于强调多元化的教学方法和评价方式。传统的教学方法往往以纯理论知识为主，而忽视了实践和体验。而五育整合理念注重通过实际操作、实践活动和实际问题解决等方式，实现知识与实践的结合。在五育整合的课堂中，学生将有机地进行综合性任务和项目，通过实际操作和协作学习，培养具有解决问题的能力和团队合作精神的学生。

五育整合还强调对学生个性发展的关注。每个学生都具备不同的个性特点和潜能，五育整合的理念认为教育应该充分尊重和关注学生的个体差异。在五育整合的课程中，可以为学生提供更加灵活和个性化的教学和评价方式，使他们能够发展自己的特长和兴趣，激发学习的内在动力。

（三）五育整合理念的形成与发展

五育整合理念的形成可以追溯到长期以来对教育发展的思考和实践探索。为了适应现代社会的发展需求，教育不再局限于简单的知识传授，而是更加注重培养学生的综合素质和能力。在这样的背景下，五育整合理念逐渐崭露头角。

五育整合理念的形成是一个渐进的过程。起初，学校教育主要注重学生的学术能力培养，强调理性思维和知识的获取。然而，随着社会的发展和人才需求的变化，人们开始更加重视学生的综合素质和实践能力的发展。逐渐形成了不仅注重学术能力，还注重体育、美育、劳动技术和思想道德素质培养的五育整合理念。

五育整合理念的发展也受到了国内外教育理论的启发和影响。国外教育理论中的"全人教育""综合教育"等概念，为五育整合理念的形成提供了有益的参考。同时，国内教育改革的步伐也加速了五育整合理念的推进。

随着五育整合理念的不断深入和完善，也涌现出了一系列的五育整合课程和教学方法。以项目制教学、合作学习等为代表的创新方法，打破了传统的学科界限，促进了学科之间的融合。这些方法注重培养学生的创新精神、合作能力和实践能力，有助于提高学生的综合素质。

二、五育整合课程教学方法的创新

（一）五育整合课程教学方法的现状分析

在当前教育领域，五育整合课程教学方法的应用范围逐渐扩大。越来越多的学校开始意识到五育整合的重要性，并积极探索将其融入日常的教学中。一方面，五育整合课程教学方法的理论研究不断深化。教育学界对于五育整合的定义和内涵进行了深入研究，为其在实践中的应用提供了理论依据。另一方面，五育整合课程教学方法的实施方式也在不断创新和完善。教师们采用多种策略和手段，如项目制教学、情境教学、跨学科教学等，来实现五育的有机融合。

然而在五育整合课程教学方法面临着一些挑战和问题。其中之一是教师专业能力的提升需求。五育整合要求教师具备跨学科、综合性的知识和能力，但目前教师培训体系还未能完全适应这一需求。此外，五育整合课程教学方法的贯彻存在一定的困难。教师需要花费更多的时间和精力来设计和组织课程，并与其他学科教师进行协同合作，这需要相应的支持和资源。

（二）五育整合课程教学方法创新的路径

培养学生的综合能力是五育整合课程教学方法创新的重要方向之一。在传统的课堂教学中，教师往往只关注学生对知识的掌握和记忆，而忽视了学生的思维能力、创新能力和合作能力的培养。因此，我们应该通过设计富有启发性和探究性的教学活动，激发学生的思维潜能，培养他们的创新能力和合作精神。

跨学科教学是五育整合课程教学方法创新的另一个重要路径。传统的学科教学往往将知识划分为独立的学科，学生只关注于解决特定学科的问题，缺乏真实生活中的应用能力。因此，我们应该倡导跨学科教学，通过整合不同学科的内容和概念，让学生能够全面理解和应用知识，培养他们的综合能力。

信息技术在五育整合课程教学方法创新中起重要的推动作用。在当今社会，信息技术的发展对教育产生了深远而广泛的影响。运用信息技术，可以让学生轻松获取各种学习资源、与他人协作、进行自主学习。因此，我们应该在五育整合课程教学中充分利用信息技术，为学生提供多样化和个性化的学习体验。

教师的专业化发展和教师之间的合作是五育整合课程教学方法创新的保障。教师要不断提升自己的教学能力，增加学科知识积累，紧跟教育教学的前沿动态，并积极参与专业培训和交流活动。此外，学校和教师之间也应建立有效的合作机制，促进师资之间的互助和共享，共同推进五育整合课程教学的创新。

三、加强师资培训

（一）师资培训的重要性与现状

师资培训是确保教师具备专业知识和教学能力的关键途径。在五育整合的课程中，教师需要拥有更全面的知识背景和创新的教学方法，以满足学生综合发展的需求。通过师资培训，教师能够不断提升自身的专业素养，适应并应对五育整合课程的需求。

师资培训能够促进教师教学方法的创新与改进。随着教育领域的不断变革，传统的教学模式已经无法满足学生的学习需求。通过师资培训，教师能够接触到最新的教育理念、教学方法和技术工具，并将其应用于课堂教学中。这样不仅能提高教学效果，还能激发学生的兴趣和积极性。

（二）师资培训的难点与挑战

师资培训的一个主要挑战是师资队伍的多样性。在不同学科领域中，教师的背景、经验和专业知识各不相同。因此，如何制定一套适用于各个学科的培训方案，使得所有教师都能够理解、接受并应用整合的五育理念，是一个亟待解决的问题。

师资培训还需要应对不同教师的自主性和接受程度的差异。教师作为专业人士，往往具有自己的教学风格和教育理念。因此，在面对整合课程教学方法的培训时，教师可能会有意见分歧和固守传统教学模式的抵触情绪。如何通过培训激发教师的学习兴趣和内在动机，促使其改变教学方式和态度，是一个需要认真思考的问题。

师资培训还需要解决时间和资源有限的问题。教师作为学校的骨干力量，经常面临着繁重的工作和多重的压力。因此，如何在有限的时间和资源下，安排合适的培训计划，并确保培训内容的质量和实效，是一个需要认真考虑的问题。

（三）师资培训的策略与方法

1. 制定全面而具体的培训计划

这个计划应该包含统一的培训目标和内容，确保教师们都能够接受到必要的知识和技能培训。培训课程可以分为几个模块，分别涵盖五育整合的基本理念、教学方法、评估方式等方面的内容。还应该注重培训的实践性，让教师们能够通过实际操作和反思来提升他们的教学能力。

2. 培训方法应该灵活多样

不同教师有不同的学习风格和需要，因此培训课程应该采取多种教学方法，如讲座、案例分析、小组讨论等，以充分满足教师们的学习需求。还可以利用信息技术手段，如在线学习平台、虚拟教室等，为教师们提供便捷的学习途径和互动交流的机会。

3. 注重实践和反馈

培训课程的内容应该贴近实际教学，引导教师们将培训所学应用到实际中去。可以通过反思、教学观摩、课堂观察等方式，帮助教师们发现自身教学中的不足和需要改进之处。同时，还可以建立专门的师资部门或团队，负责教师培训的跟踪与服务，及时提供反馈和指导，以确保培训效果的持续提升。

4. 将培训与学校管理紧密结合

学校领导需要高度重视师资培训工作，并提供相应的资源和支持。他们应该与教师共同探讨和确定培训的方向和目标，促使培训与学校的发展目标相一致。学校可以建立合作交流机制，与其他学校或专业机构开展师资培训的合作，共同提高教师的培训质量和效果。

（四）师资培训的效果评估与反馈机制

在中学五育课程整合中，师资培训的效果评估与反馈机制是确保教师提高专业水平和教学质量的重要环节。通过有效的评估与反馈，可以及时观察师资培训的成效，从而为进一步改进提供指导和支持。

我们可以采用定期的教学质量评估来评估师资培训的效果。这可以包括对教师的教学观察、听课评价、课堂教学录像等方式。通过对教师的教学实施情况进行评估，可以了解到教师在课程整合和教学方法创新方面的掌握情况，进而对师资培训的效果进行评估。

我们还可以通过学生评价来评估师资培训的效果。学生是教师教学效果的直接受益者，他们对教师的评价和反馈是非常有价值的。针对中学五育课程整合，我们可以设计相应的问卷调查或开展小组讨论，让学生表达对教师的评价和建议。通过收集学生的意见和反馈，可以客观地评估教师在五育整合方面的教学效果。

还可以结合教师自我评估和同事间的互评，建立师资培训的反馈机制。教师可以对自己的教学进行反思和总结，针对自身发展提出目标和计划，然后与同事进行互相评价和反馈。通过与同事的沟通交流，教师可以获得更多的意见和建议，进一步改进教学方法和课程整合的实施。

师资培训的效果评估与反馈机制应建立在持续的监测和评估基础上。通过跟踪教师的教学效果和学生的学习成绩，可以及时发现问题，明确改进方向。定期的教学评估和师资培训反馈应该是一个循环往复的过程，以不断完善教师的专业能力和教学质量。

四、建立合作机制

（一）合作机制的理论基础

在中学五育课程整合中，建立合作机制是实现课程整合目标的关键步骤。而一个有效的合作机制需要有牢固的理论基础来支撑。合作机制的理论基础主要包括多元合作理念、社会建构主义的教育观和合作学习理论。

多元合作理念是合作机制建立的理论基石之一。这个理念强调了多方合作、跨学科合作、跨年级合作等多元形式的合作方式。通过引入外部资源和专业知识，在合作中充分发挥各方的优势，可以让学生在不同领域、不同层次的知识中实现融合，促进综合能力的协同发展。

社会建构主义的教育观对合作机制的建立提供了有力支持。根据社会建构主义的观点，学生的知识和认知是在社会交往和合作中构建的。因此，在合作机制的设计中，应该关注学生之间的互动和合作，创造真实的社会情境，促进学生协同学习，共同构建知识体系。

合作学习理论也为合作机制提供了指导。合作学习理论强调学生通过与他人的合作和交流来促进自己的学习。在合作机制的实施中，教师可以采用各种合作学习策略，例如小组合作、角色合作等，让学生在互动中共同探索问题、解决问题，提升自己的学习效果。

（二）合作机制的构建流程

在中学五育课程整合中，合作机制的构建是确保整个整合过程顺利进行的关键环节之一。以下将围绕着合作机制的建立流程展开讨论。

1. 明确确定合作的主体

在中学五育课程整合中，主要涉及学校、教师和家长三个主体。学校作为整个课程整合的组织者和推动者，应起到协调各方面资源和促进合作的重要角色。教师作为具体的实施者，需要与其他科目教师、校外资源和家长之间建立紧密的联系和互动。家长则作为学生的监护人，应发挥积极的作用，参与到课程整合过程中。

2. 制定合理的沟通渠道

沟通是合作的基础，有效的沟通可以促进信息的流动和合作的顺利进行。合作机制中的沟通渠道包括会议制度、邮件通信、在线平台等多种形式。学校可以定期组织教师会议，让教师们交流彼此的经验和教学情况，共同探讨课程整合的问题和解决方案。同时，建立一个在线平台，方便教师和家长之间的交流和信息共享。

3. 制定明确的责任分工

在课程整合过程中，各个主体都有不同的责任和角色。学校应明确分工，明确各个责任人的职责和任务，确保整合工作的顺利进行。同时，教师也需要分工合作，明确每个教师的课程整合任务和责任。家长也可以参与进来，承担一些支持和协助的任务，如提供相关资源、参与学生的评价等。

4. 不断进行评估和改进

中学五育课程整合是一个不断发展和完善的过程。建立合作机制后，应对其进行定期的评估和反思，发现问题并及时改进。学校可以组织评估小组，对整合的效果和机制的运行进行评估，并根据评估结果做出相应的调整和改进。

（三）合作机制的运行与管理

在中学五育课程整合中，通过合作机制的建立与运行，可以实现学校、教师、家长、社会资源的有机整合，为学生的全面发展提供良好的支持与保障。

1. 学校方面

在合作机制的运行中，学校应当发挥领导作用。学校领导层要明确五育整合的重要性，并将其视为学校发展的战略目标。他们应当制定相关规范，明确合作机制的具体流程和要求。学校应当营造积极的合作氛围，鼓励教师、家长和社会资源的积极参与，共同为学生的发展努力。

2. 教师方面

教师是合作机制中至关重要的衔接者。他们应当具备跨学科教学的能力和意愿，并与其他教师形成合作研讨的机制，分享教学经验与资源。教师之间可以通过合作策划课程、设计教学活动，共同探索五育整合的有效途径。教师还应当积极与家长和社会资源进行沟通与合作，形成良好的教育共同体，为学生提供全面的学习环境。

3. 家长方面

家长的参与也是合作机制中的重要组成部分。学校应当积极与家长进行沟通，了解他们对中学五育课程整合的期望和需求。同时，学校可以组织家长参与课程活动的策划和组织，培养家长对学生的关注和支持意识。通过家校合作，学校与家长可以形成密切的合作关系，共同促进学生的全面发展。

4. 社会资源方面

社会资源的有效整合也是合作机制的关键所在。学校可以与社会机构、大学等合作，共同创新五育整合课程，并提供相关的实践和资源支持。例如，学校可以与体育俱乐部、艺术团队等进行合作，为学生提供更多的体育锻炼和艺术培训机会。同时，学校还应当积极探索与社会资源合作的融资模式，确保合作机制能够长期稳定地运行。

第三节　五育融合下的课程体系构建

一、五育融合的必要性

（一）人的全面发展需求

人的全面发展需求是五育融合的基础和出发点。人作为社会的一员，在个体层面，有着多方面的需求和发展方向。人的身体健康是全面发展的重要前提。身体的健康与强壮，不仅有利于个体的日常生活，也对其学习和成长起着重要的作用。因此，体育运动和健康教育在五育融合中具有不可替代的地位。

人的智力发展也是全面发展的重要组成部分。智力开发不仅仅是指学习过程中获取知识和技能，更重要的是培养学生的创新思维和问题解决能力。五育融合能培养学生的批判性思维和创造性思维，以激发其潜力和发展智慧。

人的情感发展也是全面发展的重要方面。情感的健康发展对于个体的心理平衡和社会交往能力具有重要意义。情感教育可以帮助学生建立良好的人际关系，增强自我情绪管理能力，并培养学生的关爱他人和宽容心态。

除此之外，人的美育和德育也是促进人全面发展的重要内容。美育教育可以培养学生的审美能力和文化素养，让其具备欣赏美、创造美和表达美的能力。德育教育则致力于培养学生正确的价值观和道德品质，使其成为助力社会发展的公民。

（二）时代发展的教育要求

时代的变革和社会的进步赋予了教育新的使命和责任，对教育的要求也在不断转变。在当今现代社会中，传统的知识传授已经不能满足学生的需要，更需要培养学生的创新思维、协作能力、实践能力等综合素质，以适应未来社会的发展需求。

1. 培养学生的创新思维

随着科技的进步和知识的迅速更新，传统的知识面固然重要，但更重要的是培养学生的创新思维。创新思维是指学生能够独立思考、具有创造性地解决问题的能力。在时代发展中，发展创新思维能够激发学生的潜能，培养他们的创造力和创业精神，使他们能够适应快速变化的社会需求。

2. 培养学生的协作能力

现代社会越来越注重团队合作，强调学生在团队中的沟通、合作和协调能力。教育应该注重培养学生与他人合作、共同完成任务的能力。通过学习中的小组合作、团队项目等形式，学生能够学会互相理解、倾听、尊重和合作，培养他们的协调能力和团队精神，为未来社会的工作和生活做好准备。

3. 培养学生的实践能力

传统的教育往往偏重于理论知识的传授，而缺乏对知识的实践应用。实践能力在现代社会中显得格外重要。通过实践，学生能够将知识与实际情况相结合，从而更好地理解并应用所学知识。实践能力的培养可以通过实验课程、社会实践活动、实习等途径来实现，将学生耳闻目睹的事物转化为自己真正的能力。

4. 社会责任和公民素质的培养

在当今社会，学生应该具备良好的道德品质、社会责任感和公民意识。培养学生的社会责任感，可以通过关注社会问题、参与公益活动、组织社会实践等方式来实现。

（三）学生的个性化教育需求

在传统的教育模式下，教育往往追求学生的智力发展，忽略了学生个性发展的重要性。然而，每个学生都是独特的个体，都有自己的兴趣、爱好和潜能。满足学生的个性化需求，能够更好地激发学生的学习动力和主观能动性，促进他们全面发展。

个性化教育需求不仅包括学术方面的差异，还包括学生的兴趣、特长和生活经验等多个方面。个性化教育需要教师从学生的个体差异出发，了解每个学生的兴趣爱好，关注他们的特长和优势，并提供相应的教育指导和资源支持。例如，对于对艺术感兴趣的学生，可以提供更多的艺术培训和活动机会；对于对科学研究有激情的学生，可以引导他们参与科学实验和研究项目。

个性化教育还需要关注学生的学习风格和能力差异。不同学生在学习上有不同的倾向和优势，有的学生更善于文字表达，有的学生更善于数理思维，有的学生更偏好实践操作等。个性化教育应当根据学生的学习风格和能力差异，提供不同的学习方式和评价方法。例如，对于视觉型学习者，可以使用图片、图表等辅助教学材料；对于实践型学习者，可以提供实践实验的机会。

关注学生的情感需求也是个性化教育的重要方面。每个学生在情感上有不同的需求，有的学生更需要关爱和支持，有的学生更需要鼓励和激励。教育者应当积极倾听学生的心声，关注他们的情感变化，提供情感支持和指导，帮助他们建立积极健康的情感认知和管理能力。

（四）社会责任与公民素质培养的需求

社会责任感是指个体对社会问题的认知和关注，并主动采取行动去解决问题的意愿和能力。而公民素质是指个体具备理解并履行公民责任的知识、态度、技能和价值观。

培养学生的社会责任感对于建设和谐社会至关重要。在当今社会，各种社会问题不断涌现，例如环境污染、资源浪费、贫富差距等。如果忽视学生对这些问题的认知和关注，他们就很难成为具有社会责任感的公民。因此，我们需要通过教育引导和实际行动来培养学生的社会责任感。例如，在课程中引入社会实践活动，让学生亲身参与到社会公益项目中，从而让他们亲身体验到社会问题的重要性和解决问题的意义。

注重公民素质的培养有助于提高学生的社会参与能力和公民意识。在如今的社会中，公民应具备自由表达意见、尊重他人、参与公共事务等基本素质。因此，五育融合的课程体系应该致力于培养学生的公民素质。通过开设社团活动和模拟实践等方式，学生将有机会学习和实践公民责任，增强他们对社会问题和公共事务的关注和参与意识。这将有助于他们在将来成为积极的社会参与者和负责任的公民。

二、五育融合课程体系构建的基本理念

（一）以学生为本，关注学生发展

以学生为本，关注学生发展的理念旨在将学生放在教育教学的中心地位，关注他

们的全面发展和个性需求。

以学生为本意味着教育要围绕学生展开，以满足他们的特点和需求。教育者需要了解每个学生的兴趣、优点、弱点以及发展潜力，并采取有针对性的教学方法和策略。通过了解学生，我们能够更好地满足他们的需要，引导他们积极参与学习，从而达到更好的教学效果。

关注学生发展意味着教育要追求全面发展。传统的教育模式往往偏重知识的灌输，而忽视了学生其他方面的发展，如情感、品格、社会交往能力等。五育融合课程体系构建理念强调要培养学生的多元素质，使他们具备各个方面的技能和素养。因此，教育者应该为学生提供丰富的学习机会，让他们参与各类综合实践活动，培养他们的综合能力和创新思维。

以学生为本还意味着要尊重学生的个性发展。每个学生都有其独特的个性特点和发展路径，教育者应该尊重这些差异，并提供个性化的教育方法和支持。这意味着教育者需要灵活地调整教学策略，关注每个学生的进步和成长，以帮助他们发掘自身潜力，实现个人发展目标。

（二）紧密结合学科教学，实施综合实践

1. 增强学生对学科知识的理解和掌握

学科知识是五育融合的基础，只有通过深入学科知识教学，学生才能够真正掌握学科的核心概念、基本原理和解决问题的方法。通过学科教学，学生能够系统地了解学科的结构和内在联系，培养对学科的兴趣和热爱，并建立起扎实的学科基础。

2. 培养学生的综合能力和创新能力

综合实践是将学科知识应用于实际问题解决的过程，学生需要将不同学科的知识和技能进行整合，同时面对复杂多变的情境，培养解决问题的能力。通过实践，学生能够培养自主探究、协作合作、创新思维等综合能力，提高解决问题的独立思考能力和创新实践能力。

3. 提高学生的学习兴趣和参与度

学科教学与综合实践能够将学科知识与学生实际生活和社会实践相结合，帮助学生理解学科的实际应用场景，激发学生的学习兴趣和主动性。而通过实践，学生可以亲身感受到学科知识在解决实际问题中的作用和意义，提高学习动机和参与度。

4. 拓宽学生的职业发展和未来就业的路径

学科教学能够培养学生专业的学科知识和技能，为学生未来进一步深造和就业提供良好的基础。而通过实践，学生能够将所学知识应用到实际工作中，锻炼实践操作能力和解决问题的能力，提高就业竞争力。

（三）注重培养学生的核心素养

核心素养是指学生在综合素质培养过程中所需具备的基本素养，包括但不限于思维素养、学科素养、情感素养、实践素养和创新素养。这些核心素养的培养将帮助学生全面发展，并为其未来的学习、工作和生活奠定坚实的基础。

1. 培养学生的思维素养

思维素养的培养涉及学生的思维方式、思维方法和思维能力的培养。通过培养学生的创造思维、批判思维和合作思维等，可以帮助他们学会独立思考、解决问题和进行有效的沟通。在五育融合中，思维素养的培养可以很好地促进学生的学科学习和跨学科的综合实践。

2. 注重学科素养的培养

学科素养是指学生在各学科学习中所需具备的知识、技能和思维方式。通过将学科知识与学科方法相结合，能够提高学生的学科学习能力和学科运用能力。在五育融合的课程体系中，学科素养的培养需要紧密结合学科教学，将学科知识与实践活动相结合，培养学生的学科意识和学科能力。

3. 情感素养的培养

情感素养包括学生的情感认知、情感调节和情感表达能力的培养。通过引导学生培养积极的情感态度、良好的人际关系以及自我认知的健康发展，可以提高学生的情感素养。在五育融合的课程体系中，教师可以通过创设积极的情感氛围和情感表达的机会，来促进学生情感素养的培养。

4. 注重培养学生的实践素养和创新素养

实践素养是指学生在实践活动中所需具备的能力和品质，包括动手能力、合作能力和解决实际问题的能力。通过开展丰富多样的实践活动，如实验、实地考察、社会实践等，可以培养学生的实践素养。创新素养则是指学生的创新意识、创新思维和创新能力等。可以通过开设创新实践课程，激发和培养学生的创新素养。

（四）促进教师专业发展

1. 建立健全的教师培训机制

针对教师的不同需求，提供系统、全面的培训课程，可以帮助教师全面了解五育融合课程的理念、方法和实施策略。培训机制还应该重视反馈和评估，以便及时调整培训内容和方式，确保培训效果的持续改进。

2. 建立学习共同体

学习共同体是指一群教师根据共同的教育理念和目标，共同学习、共同进步的组织形式。组织学习共同体，教师可以相互交流、分享经验，共同探讨教学问题与挑战的解决方法，从而提高彼此的教学水平。学习共同体还可以促进教师之间的合作与协作，形成利于教师专业发展的良好氛围。

3. 充分利用现代教育技术

教育技术的快速发展为教师的专业发展提供了许多新的机会和工具。通过在线学习平台、教育应用软件等，教师可以随时随地获取教育前沿知识、分享教学资源，并参与线上讨论和交流。充分利用现代教育技术不仅方便教师进行自主学习，同时也为教师提供了更多与同行交流的机会。

4. 建立教师发展评价体系

教师发展评价体系可以评估教师的专业能力、教学水平和教育质量，帮助教师了解自己的优势和不足，并为教师提供进一步发展的指导和支持。教师培训机制与教师发展评价体系的结合，让教师可以不断反思和改进自己的教学方法，提高教学效果。

三、五育融合课程体系构建策略

（一）制定明确的课程目标

课程目标是指课程设计者对学生在课程学习过程中所期望达到的能力、知识和技能的明确描述。明确的课程目标有助于指导教师的教学行为，激发学生的学习动力。

制定明确的课程目标需要考虑学科的特点和教学内容的核心要求。针对中学阶段的教育目标，我们需要结合学科特点，明确在五育融合课程中所要培养的学生能力。比如，在语文课程目标的制定中，除了重视学生的语言表达能力，还要注重培养学生的文学鉴赏能力、思维能力等多方面的能力。

明确的课程目标应该具有可衡量性和可追踪性。这意味着我们需要制定明确的评价标准和评价方法，用于衡量学生是否达到了课程目标。例如，对于培养学生的思维能力，我们可以通过开设创新性的思维训练课程，并采用能力评价工具来测量学生的思维水平。通过不断追踪和评估学生的学习情况，我们能够及时调整教学策略，保证学生在五育融合课程中能够得到全面发展。

制定明确的课程目标还需要考虑学生的差异性和个性化发展。每个学生都是独一无二的，他们在知识水平、兴趣爱好、学习方式等方面存在差异。因此，在制定课程目标时，教师需要兼顾个体差异，为学生提供灵活的学习路径和多样化的学习资源。

（二）整合课程资源

在构建五育融合课程体系时，整合各种教学资源，可以提供多样化、丰富的学习内容，为学生提供更广阔的发展空间。

整合课程资源可以丰富学生的学习体验。传统教学模式中，教材是主要的教学资料，但它可能存在内容单一、缺乏趣味性的弊端。通过整合多种资源，如数字化教材、多媒体教具、实践活动等，能够为学生提供更多元化、贴近实际的学习内容，从而激发学生的学习兴趣，增强他们的主动参与度。整合课程资源有助于提高学生的综合素养。不同学科领域的知识相互关联，通过整合相关资源，可以促进跨学科的学习和综合能力的培养。例如，在学习生态系统的概念时，可以引入生物教材、地理教材以及实地调查得到的资料等资源，让学生从多个角度了解生态系统的组成和功能，培养综合思考能力。整合课程资源也有助于满足学生个性化的学习需求。每个学生在能力、兴趣以及学习方式上都有差异，通过整合多种资源，可以提供更多选择和适应不同学生需求的课程内容和学习方式。

为了实现整合课程资源的目标，需要采取一些策略。第一，建立课程资源库，包括收集和整理各类资源，以便教师和学生能够方便地访问和使用。第二，培养教师的多元化教学能力，提供相关的培训和支持，鼓励教师主动探索并运用各种资源。第三，引入信息技术手段，如网络平台、教学软件等，提供在线学习资源和互动学习环境，增加学习资源的可及性和活跃性。

（三）构建多元化的评价体系

为了更好地实现中学五育融合课程体系的目标，构建一个多元化的评价体系是至关重要的。传统的评价方式主要依赖于笔试，单一的评价标准往往无法全面衡量学生的全面发展。因此，我们需要采取一些措施来构建一个更加多元化的评价体系。

在评价体系的设计中，我们应该充分考虑不同学科和不同能力的评价需求。对于学术学科，可以采取传统的考试和作业评价方法，但也需要加入一些综合性评价的元素，比如小组合作项目、实验报告、学术论文等，以更好地考察学生的综合能力和创新思维。而对于实践类学科，评价重点应放在实践操作能力的表现上，可以采用实践报告、实验记录、实习考核等方式进行评价。

我们需要引入一些非传统的评价方法，例如项目评价和表演评价。通过让学生参与实际项目的规划、实施和评估，可以更加全面地评价他们的领导能力、沟通能力和解决问题的能力。通过表演评价，学生可以展示他们在舞台表演、音乐演奏、辩论比赛等方面的才艺和表达能力。这些非传统评价方法不仅能够刺激学生的兴趣，也能够更加全面地衡量他们的综合素质和潜力。

我们还应该注意评价结果的及时反馈，并为学生提供参与评价的机会。评价体系应及时将评价结果反馈给学生和家长，帮助他们了解自己的优势和不足，并提供个性化的发展建议。学生也应该参与到评价过程中，例如自我评价、同伴评价、教师评价互评等，通过各种评价方式，学生可以从中获得更多的自我认知和成长机会。

（四）实施有效的课程管理

在五育融合课程体系中，有效的课程管理可以为学生提供良好的学习环境，促进他们全面发展和提升综合素质。

实施有效的课程管理需要进行良好的时间管理和进度控制。教师应该制定详细的课程计划和教学进度表，以确保课程的有序进行和合理安排。同时，教师还应具备良好的沟通与协调能力，与其他教师和学校管理者进行密切配合，形成合力，共同推动课程管理的有效实施。

第四章　中学五育融合教育的信息化发展

第一节　五育融合教育信息化概述

一、五育融合教育中信息技术的应用

（一）信息技术在教学中的应用

在当前信息化的时代背景下，信息技术提供了新的教学手段和工具，为教师和学生的教学和学习活动带来了许多便利。下面将从多个角度介绍信息技术在教学中的应用。

信息技术为教学活动带来了新的形式和方法。传统的教学模式以教师为中心，而信息技术的应用使得学生在学习过程中成为主角。通过信息技术的支持，教师可以设计多样化、趣味性强的教学资源和活动，如电子白板、教育软件及应用、多媒体教学等，以此激发学生的学习兴趣和积极性。

信息技术为教学内容的呈现和传递提供了更多的途径。传统的纸质教材已经无法满足信息时代学生对知识获取的需求。信息技术的应用让教师可以利用互联网，获取全球的教学资源和最新的学科知识。学生也可以通过网络学习平台等，根据自己的兴趣和需求自主选择学习内容和学习路径。

信息技术的应用改变了教学评价的方式。传统的考试和测验只能评价学生在知识上的掌握程度，而信息技术的应用使得教学评价更加全面和多样化。教师可以通过网络作业、在线测试、学习日志等方式对学生进行综合评价，不仅评价学生的学科能力，还评价学生的创新和合作能力等综合素养。

信息技术的应用为教师和学生提供了更多的资源和支持。教师可以利用网络教研平台、教学资源共享平台等交流和分享教学经验和教学资源，从而提高教学效果和教学质量。学生在学习过程中也可以利用各种在线学习工具和平台获得学习指导和学习支持，提高学习效果和学习动力。

（二）信息技术在课程开发中的应用

通过应用信息技术，课程的设计和开发可以更加灵活和个性化，帮助学生更好地理解和掌握所学知识。

信息技术在课程开发过程中可以帮助教师更加准确地分析学生的学习需求和水平。通过学习管理系统、在线测试和学习记录等工具，教师可以获取学生的学习数据和反馈，从而了解他们的学习情况和问题所在。基于这些数据，教师可以有针对性地进行课程设计和开发，以满足学生的个性化学习需求。

　　信息技术在课程开发中可以丰富学生的学习资源和交互方式。利用网络资源、在线教学平台和多媒体技术，教师可以为学生提供丰富多样的学习材料，如视频、音频、图像等。这样的多媒体资源不仅可以增加学生的学习兴趣和参与度，还可以为他们提供更加直观、生动的学习体验。信息技术还能支持在线互动和协作学习，学生可以通过网络平台进行讨论、合作和分享，增强彼此之间的学习互动，协作互助。

　　信息技术可以推动课程的创新和更新。随着科技的不断发展，信息技术的应用不断提供新的教学手段和方法。例如，虚拟现实、增强现实和人工智能等技术的应用已经进入课程开发领域，为学生创造更加身临其境的学习环境和体验。

（三）信息技术在教育评价中的应用

　　信息技术能够帮助教师对学生的学习情况进行全面、实时的监测和记录。传统的教育评价主要依靠学生的书面测试和作业完成情况来判断学习成绩，而这种方式往往只能提供有限的信息。而借助信息技术，我们能够通过学生的学习日志、在线作业、论坛讨论情况等获取更多的数据，了解每位学生的学习进展、学习能力以及学习兴趣，从而更加全面准确地评价学生的学习情况。

　　信息技术还能够提供更加个性化的评价方式。传统的教育评价往往只能以班级或整体层面对学生进行评价，忽略了每个学生的个体差异。借助信息技术，我们可以利用智能化的评价系统，为每个学生定制适合他们的评价指标和评价标准。通过分析学生的学习数据和表现，系统能够针对性地提供个性化的评价建议。这样不仅能够更好地帮助学生发现自身的优势和不足，还能够及时调整教学策略，提供个性化的教育服务。

　　信息技术还能够促进教育评价的透明和互动。通过在线的评价平台，学生、家长和教师之间可以进行实时的沟通和反馈。学生可以随时查看自己的评价结果，了解自己的学习进展以及需要改进的方面。家长可以通过平台了解孩子的学习情况，并与教师进行交流。教师可以及时向学生和家长提供评价结果和建议，共同制订学习计划。

二、五育融合教育信息化的策略

（一）教育信息化的推进要点

1. 明确信息化的目标

　　这一目标应该有助于提升学生的综合素质，促进学生全面发展。其中应该包括促进学生信息素养的提升，让学生能够灵活运用信息技术进行学习和研究等。

2. 考虑信息技术的应用

　　信息技术的应用是教育信息化的核心内容，也是推动教育信息化发展的重要手段。在教育信息化的推动过程中应该明确教育信息化与现有教育教学内容的融合方式，确定信息技术在各学科中的应用策略，并鼓励教师运用信息技术进行教学创新。

3. 注重教育资源的整合与共享

信息化时代，丰富的教育资源为教育教学提供了巨大的支撑。在教育信息化的推动过程中，应该明确如何整合和共享各类教育资源，包括数字教材、网络教育平台、在线学习资源等。同时，还应该关注资源的优化配置，鼓励学校间进行资源共享，促进教育资源的公平分配。

4. 注重师资队伍建设

教师是信息化时代教育发展的推动者。在教师的专业发展中，应该加强教育信息化相关培训，提升教师的信息技术能力和教育教学水平。同时，还需要建立有效的激励机制，激发教师参与信息化教育的积极性和创造力。

（二）教育信息化的组织与管理

在中学五育融合教育的信息化进程中，有效的组织与管理可以确保教育信息化的顺利推进，为学生的全面发展提供坚实的支撑。

教育信息化的组织与管理需要设立专门的机构或部门来负责，以确保信息化工作的专业性和专责性。这样的机构或部门应由教育信息化专家、技术人员、教师代表以及学生代表组成，形成一个多元化的团队，共同参与信息化策略的制定和实施。这个机构或部门还需要与学校的教育管理机构密切合作，共同制定信息化目标和计划，并确保信息化工作与学校教育发展的整体目标相一致。

教育信息化的组织与管理需要建立健全的管理体系和运行机制。这包括明确的责任分工、科学的工作流程和高效的决策机制。例如，可以设立信息化委员会或工作组，由相关负责人和专家组成，负责信息化项目的确定、进度的监控和资源的协调。在组织与管理过程中，还需要完善考核评估机制，及时获取教育信息化工作的反馈和评价，以便进行调整和改进。

教育信息化的组织与管理还需要重视教师和学生的参与和支持。教师是信息化教育的主要实施者，他们需要具备相应的技能和知识，才能充分利用信息技术资源进行教学和管理。因此，应该提供专门的培训和培养计划，加强教师的信息化素养和能力培养。同时，学生作为信息时代的主体，他们应当积极参与信息化教育活动，发挥自主学习和创造性思维的能力。

教育信息化的组织与管理需要建立起完善的信息化资源管理系统。这包括信息技术设备的采购与维护、网络设施的建设与管理，以及教育资源的整合和共享等方面的管理。通过建立统一的资源管理平台，可以提高资源的利用效率，避免重复投资，同时也能够更好地满足师生的需求，提供多样化的学习资源和服务。

（三）教育信息化的技术保障

学校需要运用适合的技术手段来支持和促进教育信息化的发展。在教育信息化的技术保障方面，以下几个关键点需要重点考虑和解决。

1. 加强基础设施建设

基础设施建设应该提供稳定、高速的网络连接，为教育信息化提供坚实的基础。还应当建设完善的机房和服务器，确保数据的安全存储和高效处理。对终端设备，如电脑、平板电脑等的配置也需要合理规划，以满足师生的使用需求。

2. 重视数据管理和安全保障

教育信息化过程中产生的大量数据需要进行有效管理和储存，以便后续的数据分析和决策。因此，建立健全的数据管理系统是必要的。随着信息化的发展，网络安全问题也日益突出。教育机构应当加强网络数据保护意识和安全防范措施，确保教育信息的安全和保密。

3. 关注教育软件和应用的开发与应用

教育信息化离不开有效的软件支持，教育机构需要开发或购买适合的教育软件来提升教学教研的效果。此外，学校还应鼓励教师运用多种教学应用来提高教学效果，如在线课堂、数字化作业管理等。

4. 更新硬件设备和软件系统

学校应不断跟进技术发展，更新硬件设备和软件系统。信息技术发展迅猛，新的硬件设备和软件系统不断涌现，学校需要及时关注和采用这些新技术，以更好地支持教育信息化的发展。其中，例如人工智能、虚拟现实等技术将有望在教育信息化中发挥重要作用，学校应积极应用这些技术，为学生提供更全面、个性化的教育体验。

（四）教育信息化的资源建设

1. 关注数字化教材和教学资源的开发

通过数字化教材的开发和制作，可以使学生通过电子设备方便地获取各类学习材料和资源。而教育平台和在线教学资源库的建设，可以提供丰富的教学资源，包括教学视频、课件、练习题等，以满足学生的不同学习需求。

2. 重视在线学习环境的构建

通过建设有效的学习管理系统和在线学习平台，可以为学生提供灵活的学习方式和丰富的学习资源。学生可以自主选择学习内容，控制学习进度，通过网络进行交流和合作，提高学习的效果和质量。教师也可以利用在线学习环境进行课堂教学和学生作业的管理，提高教学反馈的效率。

3. 注重对教师专业发展的支持

通过建设师资培训平台和教师专业发展网络，可以为教师提供各种培训资源和学习机会，帮助他们了解和掌握信息技术的最新应用，并将其应用于教学中。教师的专业发展也是教育信息化的资源建设中不可忽视的方面，只有教师具备了运用信息技术的能力和素养，才能更好地指导学生进行信息化学习和创新实践。

4. 重视网络和设备基础建设

建设稳定、高速的校园网络，完善学校的电子设备配备，确保师生可以顺利地利用信息技术进行教学和学习。同时，还需要加强对信息技术设备的维护和管理，保障教育信息化资源的稳定可靠性。

三、五育融合教育信息化对学生发展的影响

（一）对学生认知能力的影响

学生认知能力是指学生获取、处理和应用知识的能力。信息化对学生认知能力的影响是显而易见的。

首先，教育信息化提供了更加广阔的知识获取渠道。通过网络、电子图书馆等信息技术工具，学生可以轻松地获取丰富的学习资源，从而拓宽了知识的边界。其次，教育信息化能培养学生的信息处理能力。在信息时代，学生需要从大量的信息中筛选、整理和归纳出有用的知识，这对于他们的思维能力和分析能力提出了更高的要求。再次，教育信息化还提升学生的应用能力。通过信息技术工具的帮助，学生可以更加灵活地运用所学知识进行创新和创造。他们可以利用多媒体制作、编程设计等技术手段，展现自己独特的思维方式，激发他们的创造潜能。最后，信息化教育还帮助学生的问题解决能力。信息技术的应用使学生能够更加高效地解决问题，通过搜索引擎、在线问答等工具，学生可以快速获取他们所需的知识，加快问题解决的速度。

（二）对学生创新能力的影响

教育信息化能提供更多的学习资源和创新工具，有助于学生的创新思维和创造力的培养。首先，信息化教育为学生提供了广泛的学习资源，包括数字图书馆、在线课程、科学实验模拟等。学生可以通过互联网获取各种知识和信息，拓宽视野，积累知识。

教育信息化提供了丰富的创新工具和平台，如编程软件、多媒体制作工具、3D打印等。学生可以通过使用这些工具进行编程设计、多媒体创作、科学实验等活动，培养创新意识和实践能力。学生在使用这些工具的过程中，不仅可以体验到创造的乐趣，还可以培养解决问题的能力、团队合作能力和创新精神。

教育信息化还提供更加灵活和多样化的学习环境。传统的课堂模式受限于时间

和空间，难以给学生提供足够的创新机会。而教育信息化可以打破这种限制，学生可以在虚拟实验室、在线讨论平台等环境中自由探索和发展创新能力。这种自主学习和合作学习的环境有助于激发学生的创新思维和学习动力。

（三）对学生合作能力的影响

学生合作能力是指学生在集体活动中与他人合作、共同完成任务的能力。教育信息化对学生合作能力的影响是显著的。首先，信息化为学生提供了更多的合作机会。在过去的传统课堂中，学生的合作空间有限，合作活动依赖于课堂内的个别小组讨论或课后的小组作业。然而，信息技术的应用使得学生可以通过网络平台进行虚拟合作，不受时间和空间的限制，可以与全国乃至全球的同学进行交流与合作。

教育信息化促进了学生之间的交流和合作。在传统的合作活动中，学生之间的合作常常局限于面对面的沟通和交流方式，因此合作能力的培养受到较大限制。然而，信息化技术的应用改变了这一情况。通过电子邮件、在线论坛、合作文档等工具，学生可以更加方便地记录和分享彼此的想法和意见，从而促进学生之间的交流和合作。

教育信息化还为学生提供了更多样化的合作形式。在以往的合作活动中，学生的合作形式局限于面对面的小组合作和小组展示。然而，信息化技术的应用拓展了合作的形式，例如通过网络平台进行在线合作、通过多媒体工具进行远程合作等，使得学生可以灵活选择合作方式，根据任务的需要进行合理的分工和协作。

第二节　五育融合教育信息化平台的建设

一、中学五育融合教育信息化平台建设目标

（一）教育信息化的目标定位

在中学五育融合教育信息化平台的建设中，首要要做的是明确教育信息化的目标定位。五育融合教育信息化的目标定位旨在整合教育资源，促进教育创新，提升教育质量，培养学生的综合能力。具体而言，教育信息化的目标定位包括教育内容的数字化、教学过程的数字化、教育管理的数字化和教育评价的数字化。

教育内容的数字化是指将教材、课件、习题等教学资源数字化，以便学生和教师能够随时随地访问和利用这些资源。教育内容的数字化，可以让学生根据自己的学习需求进行个性化学习，教师也可以更好地设计和开展教学活动，利用多样化的学习资源，激发学生的学习兴趣和创造力。

教学过程的数字化是指将教学活动从传统的纸质教案、黑板板书转变为数字化的形式。通过教学过程的数字化，教师可以利用多媒体技术、在线教学平台等工具进行教学，使教学更加生动有趣，提高教学效果。学生可以通过多媒体资源和在线学习平

台自主学习、灵活探索。

教育管理的数字化是指利用信息技术对教育管理的各个环节进行数字化处理，包括学籍管理、教师管理、课表管理、成绩管理等。通过教育管理的数字化，学校可以实现高效的管理和资源配置，提高教育管理的科学性和规范性，减轻管理工作的负担，为师生提供更好的教育环境和服务。

教育评价的数字化是指将对学生学习情况和教学质量的评价过程数字化。通过教育评价的数字化，可以建立全面、客观、准确的评价体系，对学生的学习成果和能力进行科学评估。同时，也能及时反馈评价结果，帮助学生了解自己的学习状况，并提供针对性的学习建议和辅导。

（二）教育信息化平台的建设目标设定

教育信息化平台的建设目标是推动中学五育融合教育的发展，实现信息化在教育领域的应用和创新。

教育信息化平台的建设目标的设定，要着眼于教学的全面覆盖。这意味着平台应该具备各类教育资源的集成和整合功能，以满足不同学科、不同层次的教学需求。

教育信息化平台的建设还应关注学生个性化学习的需求。平台需要根据学生的学习特点和兴趣爱好提供个性化教育服务，以提高学生的学习动力和积极性。

教育信息化平台的建设还应关注家校间的合作和沟通。平台应为家长与教师提供及时沟通的工具，方便家校之间的交流与合作。通过平台，家长应该可以及时了解学生在校的学习情况和表现，与教师协商解决问题，共同关注学生的全面发展。

还有一个重要的平台建设目标是提升教育管理的效率和水平。教育信息化平台的建设，要助力学校实现全面的教育管理，包括教学计划、教学评价、学生信息等方面的管理。平台要提供统计分析工具，帮助学校管理层更好地了解整体的教学情况，及时做出教育决策，提高管理效率和办学水平。

二、中学五育融合教育信息化平台建设要求

（一）教育信息化平台的技术要求

教育信息化平台的技术要求是指基于信息技术的应用需求和平台功能需求，在平台设计和实施中所必须满足的技术条件和要求。中学五育融合教育信息化平台的技术要求有以下几个方面。

1. 确保平台的稳定性和可靠性

这指的是中学五育融合教育信息化平台在运行过程中应能够稳定运行，保证平台的可靠性。平台的稳定性对于教育信息化的推进至关重要，只有当平台稳定可靠时，才能保证学生和教师正常使用平台的各项功能。

2. 实现平台的灵活性和可扩展性

灵活性是指平台能够适应不同学校的特点和需求，可以根据实际情况进行定制化的操作和设置。可扩展性则是指平台可以根据教育信息化的发展需求进行功能的扩展和升级，以适应新的教学模式和技术的变化。

3. 保障平台的安全性和保密性

教育信息化平台是承载着大量学生和教师个人信息的重要系统，因此保护学生和教师的个人隐私是非常重要的。平台的安全性要求在系统设计和运行过程中能够有效地保护用户的个人信息，并防止恶意攻击和未经授权的访问。

4. 考虑平台的易用性和界面友好性

中学五育融合教育信息化平台的用户包括学生和教师，他们的技术水平和信息化运用能力有一定的差异。因此，平台的设计应当尽可能简洁明了，界面应友好美观，操作逻辑应清晰易懂，让学生和教师的操作更便捷和高效。

（二）教育信息化平台的内容要求

教育信息化平台作为中学五育融合教育的重要支撑，需要具备丰富多样的内容。在构建教育信息化平台的过程中，我们需要关注以下几个方面的内容要求。

1. 提供丰富的学习资源

学习资源包括但不限于课程教材、教学视频、习题集、实验指导等。这些资源要覆盖中学各个年级和各个学科，以满足学生在不同学科中的学习需求。这些资源还应该具备高质量和权威性，以确保学生可以获得准确、全面的知识。

2. 提供个性化的学习支持

每个学生的学习特点和需求都是不同的，因此，平台需要根据学生的学习情况和反馈信息，为其提供个性化的学习计划和学习辅助工具。通过智能化的算法和数据分析，平台可以根据学生的学习表现和知识掌握情况，推荐适合的学习资源和学习路径，帮助学生更好地学习和提升。

3. 具备开放性和互动性

学生要可以通过平台与教师和其他学生进行交流和分享，共同学习和进步。平台应该设计讨论区、问题解答区、在线交流平台等，以促进学生之间的合作与交流，同时，教师也可以通过平台发布课程信息、布置作业、批改作业等，实现教师和学生之间的互动。

（三）教育信息化平台的使用者需求

为了构建一个功能完善、易用的中学五育融合教育信息化平台，我们需要深入了解并满足使用者的需求。在信息化平台的开发过程中，主要涉及教师、学生、家长和管理人员等多个使用群体的需求。

对于教师来说，他们希望信息化平台能够提供丰富而全面的教学资源，包括教材、课件、教学视频等。教师还需要一个高效的作业布置和批改系统，以及辅助评价和反馈学生学习情况的功能。另外，教师也需要通过信息化平台与学生和家长进行有效的沟通和交流，包括发布通知、答疑解惑等。

学生是信息化平台的主要使用者之一，他们希望平台能够提供个性化的学习资源和学习推荐，帮助他们更好地学习和提升成绩。学生也希望能够通过平台与老师和同学进行互动交流，参与在线讨论和合作学习。在考试方面，学生还希望平台能够提供在线模拟考试和自动评分的功能，帮助他们进行自我评估和复习。

家长作为学生的监护人，也是信息化平台的重要使用者之一。家长希望通过平台及时了解到孩子的学习情况，例如查看成绩报告、作业完成情况和学习进展等。另外，家长也希望平台能够提供与教师进行交流的渠道，了解孩子的学习情况并与教师共同关注和促进孩子的学习发展。

管理人员是信息化平台的管理和维护者，他们关注平台的安全性、稳定性和可用性等方面的需求。他们希望平台能够具备完善的权限管理系统，确保只有授权使用者可以访问相关功能和资源。另外，管理人员还希望能够及时获取平台的使用情况和数据报告，以便进行评估和改进。

三、中学五育融合教育信息化平台的功能模块

(一) 教育资源库模块

教育资源库模块的设计旨在集成、整理和共享各类与中学五育融合教育相关的教学资源，以便教师和学生能够方便地获取所需的教育资源，促进教育资源的高效利用。

教育资源库模块包括多种类型的教育资源，如教材、课件、教案、习题等。这些资源应根据学科、年级等分类，以方便教师和学生根据自己的需求进行检索和应用。资源库的教育资源，应经过专家评审和教育局的审核，确保资源的可靠性和有效性。

教育资源库模块还应提供教育资源的在线浏览和下载功能。教师和学生可以通过平台直接查看和下载所需的教育资源，减少他们在寻找资源上的时间和精力消耗。教育资源库模块还应支持资源的在线预览和播放功能，方便教师和学生在使用过程中进行预览和试听。

教育资源库模块还应支持教师和学生上传和共享自己制作的教育资源。通过这种方式，教师和学生可以共享自己的经验和教学成果，促进教育资源的共享和交流。同时，教育资源库模块应设立相应的审核机制，确保共享的资源符合教育教学要求，并保护教师和学生的知识产权。

教育资源库模块应支持教育资源的评价和推荐功能。教师和学生可以对使用过的教育资源进行评价，并给出相关的反馈意见。同时，平台可以根据用户的浏览和下载记录，向教师和学生推荐符合他们需求的教育资源，提高他们对资源的发现和利用效率。

（二）教学管理模块

中学五育融合教育信息化平台的教学管理模块主要负责教师对课程的管理和监控，提供教学资源的整合与共享，以及协助教学过程中的各项管理工作。

教学管理模块具备课程管理功能。教师可以通过该功能进行课程计划的制订和调整，包括课程内容、教学目标、教学方法等方面的设定。教师还可以实时查看自己的教学进度，并根据实际情况进行灵活的调整。

在教学资源的整合与共享方面，教学管理模块起到了关键作用。平台上建立了丰富的教学资源库，教师可以通过模块内的搜索功能，快速找到所需的教学资源，并进行灵活的组合和使用。这显著降低了教师准备课程的时间成本，同时也提升了教学质量。

教学管理模块还具备作业管理和成绩管理的功能。教师可以通过平台布置作业、收取作业，并对作业进行批改和评价。教师可以在平台上录入学生成绩，让学生可以实时查看自己的成绩。

（三）学生学习模块

学生学习模块是中学五育融合教育信息化平台中的一个重要功能模块。该模块旨在为学生提供一个便捷的学习环境，帮助他们高效地获取资料并进行学习。

学生学习模块提供了丰富多样的学习资源。学生可以通过平台获取到与各个学科相关的教材、课件、习题等学习资料。这些学习资源既可以由学校提供，也可以由老师和学生共享。学生可以根据需要选择适合自己的学习资源，通过自主学习的方式提升自己的能力。

学生学习模块还提供在线学习的功能。学生可以通过平台上的在线课堂参与到虚拟教学活动中，与老师和同学进行互动交流。在线学习可以打破时间和空间的限制，使得学生可以随时随地进行学习，提高学习的灵活性和效率。

另外，学生学习模块还应包括个人学习管理功能。学生可以在平台上记录自己的学习计划、学习进度和学习成绩等信息。

在学生学习模块中，还可以进行学习评价和反馈。学生可以通过平台上的在线测验、作业和考试等方式自主进行学习评价，了解自己的学习情况。同时，学生还可以向老师和同学提供反馈和建议，促进师生之间的互动和合作。

（四）教育评价模块

在教育信息化平台的教育评价模块中，可以建立全面的学生成绩档案。学生的每次考试、测验成绩都能够被记录下来，并以可视化的形式展示给教师、学生和家长。这样，教师可以清晰了解每个学生的学习进步情况，及时给出针对性的指导和帮助。学生也能够随时查阅自己的成绩，对自己的学习情况有清晰的认识。

教育评价模块可进行全方位的学生素质评价。除了学术成绩，中学五育融合教育注重培养学生的全面素质。通过该模块，可以对学生的品德、创新能力、沟通能力等方面进行评价，为学生提供全方位的发展建议。教师可以根据学生的素质评价，制订相应的培养计划，帮助学生进一步提升综合素质。

教育评价模块中可以进行师生互评。通过搭建师生互评平台，教师与学生之间可以进行双向评价。教师可以对学生的表现进行评价，指出学生的优点与不足，并给予相应的建议。而学生也可以对教师的教学方法、态度等方面进行评价，促进教师的成长与改进。

四、中学五育融合教育信息化平台建设的意义

（一）提升教育质量

1. 有效支持教育教学过程中的工作

中学五育融合教育信息化平台的建设可以有效支持教育教学过程中的数据收集、分析和管理工作。通过信息化平台，学校可以方便地获取学生的学习数据、考试成绩、学科评价以及课堂表现等信息。教师可以利用这些数据和信息，及时了解学生的学习状况和问题，并根据个体差异提供有针对性的教学辅导，从而提升学生的学习效果和学业成绩。

2. 优化教育资源的分配和利用

现代教育依靠丰富多样的教育资源进行教学活动，而信息化平台能够将这些教育资源进行整合和共享，实现资源的共享与互通。通过信息化平台，不同学校、不同地区的教师可以共享优秀的教案、教学资源和教学经验，提高教学质量和效率。学生也能够通过信息化平台获取到更多的学习资源和学术信息，拓宽自己的知识领域，提高自主学习成效。

3. 促进课程的个性化与差异化发展

在传统教育中，教师往往只能按照统一的教学计划和标准教学方案进行教学。而有了信息化平台，可以根据学生的实际情况和需求，进行个性化的课程设计和教学安排。通过信息化平台，教师可以根据学生的学习兴趣、学习风格和学习能力，给予个性化的学习支持，提高学生的学习积极性和主动性。这种个性化与差异化的教育模式，

将有助于培养学生的个人发展潜力。

（二）促进教育创新

信息化平台的建设和运用，可以为教育创新提供有力的支持和保障，并对多个方面产生积极的影响。

1. 促进教育内容的创新

传统的教育模式往往以课堂教学为主，教学资源有限且局限于教师的知识储备和教材内容。而通过信息化平台，教师可以获取更广泛、更丰富的教学资源，包括优质的网络课程、教学视频、习题库等，从而拓宽了教学内容的来源和选择。

2. 促进教学方法的创新

信息化平台提供了多样化的教学工具和互动方式，例如在线讨论、虚拟实验、学习游戏等，教师可以利用这些教学工具和互动方式创新教学方法，提升学生的学习主动性和参与性。

3. 促进教师专业的发展

信息化平台建设促使教师积极参与教学设计和课程改革的研讨和实践。教师可以通过信息化平台分享教学经验、学习优秀教学案例、探讨教育理论和方法，不断提升教学水平和专业素养。同时，信息化平台也可以为教师提供个人成长和职业发展的机会，例如发布教育研究成果、参与教学评价和教师评优等。

第三节　信息化环境下的五育融合教学设计

一、五育融合教学内容的选择

（一）信息化环境对五育融合教学内容选择的影响

信息化技术的引入为教育提供了更加丰富多样的教学资源和工具，为五育融合教学内容的设计和选择提供了新的可能性。

信息化环境下的五育融合教学应充分利用信息技术提供的多媒体资源和网络资源。通过运用多媒体教学资源，教师可以将文字、图像、声音、视频等多种形式的信息融入教学内容中，使学生能够更加直观、生动地理解和掌握知识。

信息化环境下的五育融合教学内容的选择应着眼于学生的信息素养和创新能力培养。信息化技术的广泛应用使得学习资源得以全球共享，学生可以通过网络获取到更加丰富的知识和信息。因此，在选择教学内容的时候，应注重培养学生的信息搜索、筛选、分析和应用能力，引导学生主动参与到学习内容的过程中，培养他们的自主学习和探究能力。

在信息化环境下，五育融合教学内容的选择也要考虑教育教学的社会需求和发展趋势。随着社会经济的不断发展和科技的进步，职业岗位的需求也在不断变化。因此，教学内容应紧密结合社会需求和发展趋势，注重培养学生的实践能力和职业素养、注重培养学生的创新精神和团队合作能力，以适应未来社会的挑战和变化。

（二）信息化环境下五育融合教学内容的选择策略

五育融合强调的是对学生进行思维能力、情感素养、实践能力、创新能力和综合素质的培养。因此，在选择教学内容时，需要综合考虑这些能力和素养的培养要求。例如，在思维能力方面，可以选择具有启发性、探究性和创造性的教学内容，鼓励学生进行思辨和批判性思维的发展。在情感素养方面，可以选取涉及情感体验、情感表达和情感调控的教学内容，以培养学生的情感认知和情感管理能力。

而在如今的信息化环境下，信息技术的广泛应用为教学内容的选择提供了更多的可能性。通过运用多媒体、网络资源和虚拟实验等技术手段，教师可以将更丰富、真实、具体的教学内容引入课堂，结合五育融合教学，激发学生的学习兴趣和积极参与。同时，信息化环境也将教学内容的选择拓展到了跨学科和跨文化领域，教师可以更好地选择与学科知识有机融合、具有实际意义和现实可行性的内容，以培养学生的综合素质。

二、五育融合教学方法的优化

（一）传统教学方法在五育融合中的局限性

其一，传统教学方法注重知识的灌输，而忽视了学生全面发展的需求。传统教学中往往以教师为中心，以传授知识为主要目标，将学生作为被动接受者，忽视了学生的思维能力、创新能力和实践能力等方面的培养。

其二，传统教学的教学方法较为单一，缺乏足够的个性化和多样性。教师通常使用相同的教学材料和教学方法，在教学内容和方式上缺乏灵活性，难以满足不同学生的需求和发展特点。

其三，在传统教学方法下，学生参与程度较低，缺乏积极性和主动性。学生往往只是被动接受和消化知识，缺乏自主学习和主动探究的机会，影响了他们的学习动力和兴趣。

（二）信息化环境下五育融合教学方法的优化路径

为了更好地实现五育融合教学的目标，在信息化环境的支持下，我们需要优化现有的教学方法。

1. 充分利用现代科技手段

我们可以充分利用现代科技手段，如计算机、互联网、多媒体等，来增强教学的互动性和趣味性。通过引入在线学习平台、教育游戏等教学工具，让学生们更加积极主动地参与到课堂中来。例如，通过设计一些在线互动小游戏，学生们可以在游戏的过程中学习知识，同时培养解决问题的能力。

2. 重视个性化教学

信息化环境下，我们可以根据学生的个体差异和学习特点，灵活调整教学方法和内容，满足每个学生的学习需求。通过使用教育数据分析技术，教师要了解每个学生的学习情况，为其提供有针对性的学习资源和辅导。个性化教学还可以通过在线测评、课程自主选择等方式来实现，帮助学生更好地发展各个方面的能力。

3. 跨学科教学的实施

在传统教学中，学科之间往往是孤立的，学生们的学习内容和活动也比较单一。而在信息化环境下，教师可以通过跨学科融合的方式，将不同学科的知识和技能有机地结合起来，构建更为综合和细致的教学内容和任务。通过设置有意义的跨学科项目和任务，学生们可以更好地理解和应用所学内容，同时培养跨学科思维和解决问题的能力。

4. 注重教师的角色转变和专业发展

在信息化环境下，教师需要具备更多的技术能力和教学策略。他们需要不断学习和更新自己的教育理念和教学方法，积极参与到信息化教学的研究和实践中来。同时，教师也需要成为学生学习的引导者和学习资源的提供者，通过引导和激励，帮助学生充分发挥个人优势，提高自主学习能力。

三、信息化环境下五育融合教学设计

（一）信息化环境下五育融合教育的教学设计策略

1. 创设具有情境性的学习环境

信息化环境下，我们可以利用多媒体教学平台、虚拟实验室、互动教学软件等工具，创设情境性的学习环境。通过给学生提供丰富的学习资源和情境化的学习任务，能够提高学生的主动学习能力和问题解决能力。

2. 引导学生进行合作学习

信息化环境为学生之间的合作提供了便利条件。教师可以利用协作工具，如在线讨论平台、群组学习平台等，组织学生进行合作学习。通过小组合作等方式来达到培养学生的合作意识和团队精神的目标。

3. 增设注重学习过程的反馈与评价

信息化环境下，教师可以利用在线评价系统、学习管理系统等工具对学生的学习过程进行实时监测和反馈。及时的反馈和评价，教师能够发现学生的学习问题和困惑，并及时进行指导和辅导，提高学生的学习效果。

4. 提供个性化学习的机会

信息化环境下，教师可以利用个性化学习软件、在线课程等工具，满足学生不同的学习需求。通过提供个性化的学习资源和任务，能够激发学生的学习兴趣和动力，提高学习效果。

5. 引入项目化学习

信息化环境为项目化学习提供了良好的条件。教师可以利用在线合作平台、资源库等工具，组织学生参与项目化学习。引导学生从实际问题出发，设计并完成一个完整的项目，能够培养学生的实践能力和创新思维。

（二）五育融合教学过程的效果评估设计

对教学过程的评估，可以了解教学设计的有效性和教学效果，为进一步优化教学方法提供依据。在评估教学过程效果时，应从多个方面综合考虑。

1. 关注学生的学习表现和成绩情况

通过考察学生在教学过程中的表现，如参与度、课堂互动情况、作业完成情况等，可以评估学生在五育融合教学过程中的学习情况。同时，结合学生的成绩情况，可以对教学过程的效果进行量化评估。

2. 对学生的综合素养进行评估

五育融合教学强调培养学生多方面的能力，包括知识能力、思维能力、实践能力、创新能力和人文素养。因此，在评估教学过程效果时，应全面考察学生在这些方面的发展情况。

3. 采用多种形式

评估教学过程效果时还可以采用访谈、问卷调查等形式，收集学生对教学过程的感受和反馈意见。这些意见可以帮助评估者了解学生对教学过程的态度和满意度，为教师进一步完善教学过程提供参考。

4. 定期进行评估

在设计后的五育融合教学过程效果评估中，应该注重定期进行评估，并及时反馈评估结果。这有助于教师及时发现问题并进行调整，以进一步提高教学过程的质量。

四、五育融合教学评价的改进

（一）传统教学评价方式的问题

传统的教学评价方式存在许多问题，这些问题限制了教学评价的准确性和有效性。传统的教学评价方式主要侧重于对学生知识掌握情况的测试和成绩的评估，忽视了学生的全面发展。传统评价方法往往只注重学生的认知层面，而忽视了学生的情感、态度、价值观等其他重要方面的发展。

传统评价方式注重结果而忽视过程。它往往只关注学生的学习成绩，而缺少对学生学习过程的有效监控和评估。这种评价方式无法提供对学生学习方法、思维能力、解决问题的能力等方面的准确反馈，无法帮助学生发现和解决学习过程的问题。

传统的教学评价方式也存在着评价标准的不合理性。传统评价往往采用定性定量的方法，而评价标准过于固化和片面，缺乏针对不同学生特点和需求的个性化评价标准。这种评价方式难以满足不同学生的学习目标和发展需求，无法提供有针对性的教学反馈。

传统的教学评价方式存在诸多问题，不能满足信息化环境下五育融合教学评价的要求。因此，我们需要探索新的评价方式，构建适用于五育融合教学的评价标准，并在信息化环境下改进教学评价方式，从而促进学生全面发展和个性化成长。

（二）信息化环境下五育融合教学评价方式的改进

为了更好地适应信息化环境下的五育融合教学，我们可以借鉴现代教育评价的理念和方法，进行改进和创新。

1. 构建适合五育融合教学评价的标准体系

这一标准体系应综合考虑知识、技能、情感、态度和价值观等五育要素的评价指标。通过明确的指标体系，我们可以更准确地评价学生的综合素质和五育能力的发展程度。

2. 采用多元化的评价方法

我们可以采用多元化的评价方法，以更全面地把握学生的学习情况。举例子来说，我们可以结合学生的自主学习情况，结合反思报告、作品评析、口头演讲评比等形式进行评价。这样既能充分激发学生的主动性和创造性，也能更准确地评价他们在五育融合教学中的表现。

3. 利用先进的技术手段

在信息化环境下，我们还可以利用先进的技术手段来改进教学评价方式。借助学习管理系统、在线评价工具等，我们可以实时获取学生的学习数据，并进行分析和评价。通过数据的收集和分析，我们可以及时了解学生的学习情况，发现问题，及时调整教学策略，从而提高教学效果。

4. 注重个性化需求

评价方式的改进还需要注重个性化需求的考虑。每个学生的学习风格、兴趣爱好、学科特长等都不尽相同，因此对于不同学生，我们需要采用不同的评价方式。这样可以更有效地准确评价学生的个体差异和发展需求。

第五章　中学五育融合教育实践

第一节　五育融合教育的实践模式

一、课程融合模式

（一）课程融合的理论依据

课程融合作为中学五育融合教育实践模式的重要组成部分，其实施的理论依据可以从多个方面进行解析和阐述。从教育理论的角度看，课程融合源于对综合素质教育理念的追求。综合素质教育理念强调培养学生全面发展的能力与品质，而课程融合正是以此为出发点，通过跨学科的整合和关联，使学生能够更加全面地接受各个学科的知识与技能。

从学科交叉的角度看，课程融合理论依据可以归结为跨学科整合的需求。现代社会的发展要求人才具备丰富的知识储备和综合应用能力，在各学科之间建立联系和桥梁，使学生能够灵活地应用所学知识解决实际问题。课程融合正是通过打破传统学科之间的界限，促使学生形成综合的学科认知和思维方式。

课程融合的理论依据还可以从学生个体发展的角度进行考量。现代教育追求每个学生的个性化发展，而传统学科教育往往是单一化的，忽略了学生个体之间的差异和需求。通过课程融合，可以让学生根据自身兴趣和特长进行学习选择，促使其在学习过程中获得更好的发展和学习体验。

（二）课程融合模式的实施方法

1. 设计集成的课程方案

在实施课程融合模式时，首先需要设计集成的课程方案。这一步骤包括选择适合融合的学科领域、制定课程目标和内容，并确保各学科之间内容的有机衔接。例如，在进行语文和数学的融合时，可以通过阅读数学题目中的文字描述，提高学生对理科学术术语的理解能力，并帮助其应用于解决数学问题。

2. 创设互动式学习环境

为了实施课程融合模式，创设一个积极互动的学习环境是至关重要的。教师可以采用小组讨论、合作学习等方式，促进学生之间的互动和合作。例如，教师可以组织学生分成小组，共同研究和解决问题。这样的互动学习环境有助于促进学生的思维碰撞和合作能力的培养。

3. 教师引导与辅助

在课程融合模式的实施过程中，教师的角色是至关重要的。教师需要充当引导者和辅助者的角色，引导学生在课程融合的教学中从不同学科领域中获取知识，辅助他们解决问题和展示学习成果。

4. 资源整合与利用

在课程融合模式的实施过程中，资源的整合和利用是不可或缺的。学校可以通过整合学科教师的专业能力和资源，提供跨学科的教学资源。此外，学校还可以积极与社区、企业等外部资源进行合作，为学生提供更多实践机会和学习资源。例如，学校可以邀请外部专家来讲解数学中的文字运用，为学生提供更丰富的学习体验。

5. 跨学科评价与反馈

在课程融合模式的实施过程中，跨学科的评价与反馈也是必不可少的。学校可以设计一套综合评价体系，对学生在融合课程中的能力、知识和态度进行全面评价。这样的评价体系可以从多个维度评估学生的学习成果，并为学生提供针对性的反馈和发展建议。

(三) 课程融合模式的效果评估

评估课程融合模式的效果需要确定多个方面的指标。学生的学业成绩是一个重要的指标之一。通过对学生在融合课程中的学业表现的评估，可以了解到课程融合模式对学生成绩的影响。这可以通过定期的考试和作业评分来进行，比较融合课程和传统课程在学生学业成绩方面的差异。

学生的兴趣和参与程度也是评估课程融合模式效果的重要指标之一。通过观察学生在融合课程中的表现和参与度，可以了解到课程融合模式对学生的兴趣和积极性的影响。这可以通过课堂观察和学生问卷调查等方式来进行评估。

学生的综合素养和能力发展也是评估课程融合模式效果的重要方面。通过衡量学生的综合素养和能力的提升情况，可以了解到课程融合模式对学生综合发展的促进作用。这可以通过学生作品展示、社会实践报告和能力测评等方式来进行评估。

另外，教师对课程融合模式的反馈和主观评价也是评估的重要参考因素之一。教师的反馈可以提供课程融合模式实施过程中的问题和改进意见，从而提高教学质量和效果。

通过采用定期考试、观察学生表现、学生自评和教师评价等手段，可以全面而有效地评估课程融合模式的效果。评估结果将为课程融合模式的改进提供有力的依据，从而不断推动中学五育融合教育实践模式的发展。

二、活动融合模式

(一) 活动融合的理论依据

活动融合模式作为中学五育融合教育实践模式的重要组成部分，其理论依据主要包括教育学理论和教育心理学理论。

教育学理论方面，活动融合模式借鉴了综合实践活动教学理念。综合实践活动教学强调学生通过实际参与各种综合性活动，全面发展各个方面的能力。而活动融合模式将这一理念与中学教育的特点相结合，旨在通过组织各类活动，促进学生的全面发展。具体而言，活动融合模式使学生通过参与课内外的各种活动，锻炼他们的学习能力、交往能力、实践能力等，从而达到综合素质的培养目标。

教育心理学理论方面，活动融合模式秉承了建构主义学习理论。建构主义学习理论认为学生是主动构建知识的，学习应围绕学生的兴趣和需求展开，让学生通过主动参与并发现问题、解决问题来建构知识。活动融合模式在实践中注重创设问题情境，鼓励学生运用知识进行实践探究，培养学生的探索和创新能力。

活动融合模式还借鉴了社会学习理论。社会学习理论认为学习是一种社会活动，人们通过观察他人的行为、经验和模仿来学习。活动融合模式在设计中注重营造良好的学习环境和氛围，提供学生与他人合作、交流的机会，让学生在互动中学习，借助他人的经验和模仿来提高自己的学习效果。活动融合模式通过组织各类活动，提供了学生学习与交流的平台，帮助学生在社会化的环境中获取与应用知识和技能。

（二）活动融合模式的实施方法

在中学五育融合教育实践模式中，活动融合模式通过丰富多样的活动，将学生的学习、体育、艺术、社会实践等多个方面进行有机结合，促进学生的全面发展。以下将介绍活动融合模式的实施方法。

1. 明确活动的目标与任务

活动融合模式的核心是通过活动来实现中学五育的目标。因此，在实施活动融合模式时，首先要明确活动的目标，并设计相应的任务。例如，可以设计一个以环保为主题的活动，既能让学生了解环保知识，又能培养学生的合作能力和创新思维。

2. 重视跨学科的融合

活动融合模式要求各学科之间的知识与技能能够相互融合，形成有机的整体。因此，在设计活动时，要从不同学科中选取相关内容，并结合实际情境进行整合。例如，在进行一次户外探险活动时，可以融入地理、生物、物理等多个学科的内容，使学生能够跨学科地学习与探索。

3. 注重学生的主体性和参与性

活动融合模式强调学生的积极参与和主动学习，因此，在实施活动时，要给予学生充分的自主权和决策权。可以通过分组合作、学生主导的讨论、集体决策等方式激发学生的参与热情，让他们在活动中充分发挥自己的才能和潜能。

4. 进行有效的评估和反思

活动融合模式的实施并非一成不变的，需要不断进行评估和反思，及时调整和改进。可以通过观察、记录、问卷调查等多种方式，对活动的实施效果进行评估，并根据评估结果对活动进行调整和改进，以达到更好的效果。

（三）活动融合模式的效果评估

1. 定量评估

通过设计合适的评估工具和指标，有效地对学生在活动中知识掌握、技能应用和态度培养情况进行量化评估。例如，可以采用问卷调查的方式，让学生对他们在活动中所学到的知识和技能进行自我评价和反思。通过观察和记录学生在活动中的表现，可以量化评估他们的学习成果。

2. 质性评估

质性评估主要关注学生在活动中的思维方式、问题解决能力等方面的发展。通过访谈、观察和分析学生的课堂活动和作业，可以深入了解学生在活动中所展现出的思维过程和问题解决策略。这种方法能够帮助教师更好地了解学生的学习情况，发现他们的潜在能力和问题，从而进行有针对性的指导。

3. 案例研究

通过选取一些活动融合模式的典型案例，对这些活动的设计、实施和结果进行系统性的分析和评估。通过比较不同案例的差异和相似之处，可以总结出一些有效的教学策略和经验，为教师的教学实践提供参考。

4. 学生反馈和家长满意度调查

学生的意见和建议对于改进活动融合模式具有重要意义。通过收集学生和家长的反馈，可以了解他们对活动融合模式的认知和评价，从而找到活动融合模式的优势和不足之处，进一步改进和完善教学实践。

三、校园文化融合模式

（一）校园文化融合的理论依据

校园文化融合模式的实施的设计基于一系列理论依据和研究成果，具有其有效性和实际可行性。

1. 综合教育理论

综合教育理论认为学校应该提供全面的教育，不仅满足学生的学术需求，还要关注他们的社会、情感、体育和艺术等方面的发展。校园文化融合模式正是以此理论为基础，通过将学科教育与其他领域的教育相结合，促进学生全面发展。

2. 多元文化理论

多元文化理论认为，学校应该重视和尊重不同文化的存在，并为学生提供接触、了解和学习不同文化的机会。在校园文化融合模式下，学校将多元文化融入课程和校园活动中，为学生提供多元文化的学习环境，培养他们跨文化交流和理解的能力。

3. 个性化教育理论

个性化教育理论强调每个学生的差异性和个体需求，认为教育应该根据学生的兴趣、能力和学习风格来个性化地设计。在校园文化融合模式中，学校会根据学生的兴趣和需求，提供多样化的校园文化活动和课程选择，鼓励学生在个人发展中发挥自己的特长和潜能。

（二）校园文化融合模式的实施方法

在实施校园文化融合模式时，学校需要采取一系列的措施，确保各种文化元素在校园中相互交融、相互融合，创造出丰富多样的校园文化氛围。

校园文化融合模式的实施需要学校建立一个综合性的文化管理体系。这个体系包括了管理各种文化资源的机制，如图书馆、美术馆、实验室等，以及管理校园文化活动的机制，如学术讲座、文艺演出等。通过建立这样一个体系，能够更好地整合各种文化资源，为学生提供全方位的文化体验。

学校应该鼓励师生参与到校园文化融合的实践中。这可以通过组织各种文化活动来实现，例如学生社团的活动、学校文化周的举办等。教师在教学中也可以积极引入不同文化的元素，丰富教学内容，激发学生的学习兴趣和创造力。通过这种方式，学生能够更好地感受到多元文化的魅力，培养跨文化交流的能力。

学校还可以借助信息技术来促进校园文化融合。通过构建虚拟校园平台，学生可以在线参与各种文化交流活动，与其他学校及国内外的学生进行互动和交流。学校还可以开设在线文化课程，使学生能够在课堂之外了解更多的文化知识，并扩大自己的文化视野。利用信息技术的方式不仅能够打破时空限制，还可以为学生提供更广泛、更多样的文化交流机会。

学校应该加强与家庭和社会的合作，促进校园文化融合。学校可以与家长合作，举办家庭文化日活动，让家长与孩子一起参与到文化体验中，增强家庭与学校之间的互动。同时，学校还可以与社会各界合作，举办社区文化节等活动，加强校园与社会的联系，使社会资源能够为学校文化建设提供支持与帮助。

（三）校园文化融合模式的效果评估

首先，评估校园文化融合模式的效果需要建立一套科学的评估指标体系。这可以包括学生学业成绩、实践能力培养、个性特长发展、社会适应能力等多个方面的指标。

通过对学生在这些方面的表现进行定量和定性的评估，可以客观地了解校园文化融合模式对学生全面发展的影响。同时，还可结合教师、家长和社会对学生发展的观察和评价，进行多元化评估。

其次，借助定量和定性的评估方法，可以通过问卷调查、访谈、观察记录等方式收集数据，深入了解学生在校园文化融合模式下的发展状况。问卷调查可以用于收集学生对教育实践的感知和评价，访谈和观察则可用于获取学生在校园文化融合活动中的真实表现和体验。

再次，效果评估还需要考虑长期效果和可持续性。通过跟踪调查和追踪研究，可以了解校园文化融合模式对学生发展的长期影响，并为持续改进和发展提供依据。如此一来，我们可以更全面地评估校园文化融合模式的效果，进一步优化和提升该模式的实施效果。

最后，已有相关研究也为校园文化融合模式的效果评估提供一定的参考。例如，某研究以实际案例为基础，采用混合研究方法，结合学生学业成绩、实践能力、个性特长发展等指标，对某校园文化融合模式的效果进行评估。研究结果显示，该模式在促进学生发展、培养他们的创新能力和团队精神等方面取得了显著成效。此类研究为我们提供了借鉴和启示，同时也为校园文化融合模式的效果评估提供了实证依据。

（四）校园文化融合模式的挑战及其解决策略

在实施校园文化融合模式的过程中，我们面临着一些挑战。首先，校园文化融合的推行需要各个部门之间的紧密合作和密切配合。不同的学校、校内各部门、教师和家长之间常常存在着各种利益关系和理念差异，导致了沟通和协调的困难。其次校园文化融合模式的实施需要充足的资源支持。这包括教育经费、师资培训、教育设施等方面的资源。由于教育资源的有限性，很多学校往往难以满足这些需求。最后，校园文化融合模式的实施也面临着家长和社会的压力。一些家长对于传统的教育模式有着固有观念，对于新兴的教育理念持怀疑态度。社会对于教育改革的接受度和支持度也不一致，这给校园文化融合模式的推行带来了一定的阻力。

面对这些挑战，我们需要采取相应的解决策略。第一，加强各个部门之间的沟通和协作，建立起一个互相理解、信任和合作的氛围。通过定期召开会议、制定明确的合作机制，促进各个部门之间的有效配合。第二，政府部门和学校应当加大对教育资源的投入。政府应加大教育经费的投入，提供更多的培训机会，学校也应通过合理的资源配置，全面提升教育质量，为校园文化融合模式的实施提供支持。第三，我们需要加强对家长和社会的宣传和教育，向他们阐明校园文化融合模式的重要性和价值，使他们能够理解和支持这一新的教育理念。

四、家庭教育与社会教育融合模式

(一) 家庭教育与社会教育融合的理论依据

家庭教育与社会教育的融合模式是一种有机结合、互补与促进的教育实践，其理论依据可以从多个层面进行探讨。

家庭教育与社会教育的融合模式基于教育的整体性观念。传统意义上，家庭教育和社会教育被视为两个相对独立的实体，各自承担着特定的教育责任。在当代社会，这种分隔的教育模式已经无法满足学生多元化发展的需要。因此，家庭教育与社会教育的融合追求教育的整体性，将家庭和社会视为一个有机的整体，共同为学生提供全面的教育资源和支持。

家庭教育与社会教育融合模式的提出还基于促进教育公平与机会均等的追求。由于不同家庭背景、社会资源分配的差异，导致了学生的受教育机会和学习资源分配不平等问题。融合模式的提出是立志将家庭教育和社会教育的力量结合起来，更好地弥补这一不平等现象，确保每个学生都获得公平的教育机会。

家庭教育与社会教育融合模式的提出也基于社会发展与教育创新的需求。如今，社会对教育的期望不再仅仅局限于学生的学业成绩，而是更加注重学生的全面素养和社会适应能力的培养。而这种全面发展与社会适应能力的培养，正是融合了家庭教育和社会教育的模式所能够提供的。

(二) 家庭教育与社会教育融合模式的实施方法

1. 鼓励家庭与学校之间的密切合作

家庭和学校是孩子教育的两个重要支柱，通过双方的紧密合作，可以实现教育资源的共享和协同。家长可以与学校教育者密切配合，了解孩子在学校中的表现和需要，并提供必要的支持和指导。同样，学校也应积极与家长沟通合作，分享教育方案和活动的信息，以促进家庭教育与社会教育的有效融合。

2. 引入社会资源来提供多样化的教育机会

社会资源包括各种社会团体、机构、企业等，它们拥有丰富的资源。学校可以与社会资源进行合作，开展各种实践活动和项目，为学生提供与社会接轨的机会。比如，可以邀请相关专家来学校做讲座、组织社会实践活动，拓宽学生的视野，培养其独立思考和解决问题的能力。

3. 引入社区资源

引入社区资源也是实施家庭教育与社会教育融合模式的关键。社区资源即社区中的各种组织和机构，如社区图书馆、社区文化中心等。学校可以与社区资源建立密切联系，推动学生到社区中去学习。例如，学校可以与社区图书馆合作，提供学生借阅图书、参与读书活动的机会。此外，学校还可以组织学生参与社区志愿活动，培养学生关爱他人、奉献社会的意识和能力。

4. 建立有效的评估机制

我们需要建立有效的评估机制，对家庭教育与社会教育融合模式的实施效果进行评估和反馈。通过定期的评估，我们可以了解学生在家庭和社会中的发展情况和成效，及时调整和改进实施方法，使融合教育模式更加科学有效。

第二节　五育融合教育的实践策略

一、实践活动设计多样化

（一）实践活动类型的分类与选择

在中学五育融合教育实践中，实践活动的类型选择至关重要。不同类型的实践活动有着不同的目的和效果，能够为学生提供不同的学习机会和发展空间。因此，针对中学生的成长需求，我们应该对实践活动进行合理的分类与选择。

我们可以将实践活动分为学科实践活动和综合实践活动。学科实践活动是指针对特定学科内容的实践活动，例如科学实验、历史考察、地理探究等。这类活动有助于学生深入理解学科知识和培养学科思维能力。而综合实践活动则是跨学科或综合性的活动，如社会实践、实践性课程、创新设计等。通过参与综合实践活动，学生能够综合运用各学科知识，培养跨学科的综合素养。

根据实践活动的具体内容和形式，可以将实践活动分为实地实践活动和虚拟实践活动。实地实践活动是指学生亲身参与到实际的场景中，进行实地考察、实地调研等。这种活动能够让学生亲身体验和感受，增强他们的实践能力和解决问题的能力。虚拟实践活动则是指通过模拟、虚拟等技术手段来进行的实践活动，如虚拟实验、网络模拟实践等。虚拟实践活动能够弥补实地实践的限制，提供更多的资源和机会，使学生在虚拟环境中进行探索和实践。

根据学生的个体差异和特殊需求，我们还可以根据学生的兴趣、特长、优势等因素，设计个性化的实践活动，促进学生全面发展。比如，对于艺术特长生，可以设计艺术实践活动；对于科技爱好者，可以设计科技实践活动。个性化的实践活动能够充分发挥学生的优势，提高他们的学习积极性和参与度。

（二）实践活动的具体设计

在中学五育融合教育的实践过程中，实践活动的具体设计起着至关重要的作用。以下将探讨如何设计多样和有效的实践活动，以促进学生全面发展。

1. 对实践活动进行分类

针对不同的学科和教育目标，可以将实践活动分为多个类别，比如实验实践、调研实践、社会实践等。每个类别下又可以进一步选择适合不同年级和学生特点的具体活动。通过分类与选择的方法，可以确保实践活动的多样性和个性化，满足学生的不同需求和兴趣。

2. 有针对培养目标的教学设想

我们可以通过设置实际问题、提供情境和资源，引导学生主动探究和解决问题。例如，在科学实验课中，可以设计一系列具有挑战性的实验任务，鼓励学生进行观察、实验设计、数据分析和结论推理等环节。

3. 根据学生的实际情况和资源条件进行活动设计

教师可以根据学生的年龄、知识水平和实践经验，选择合适的活动内容和形式，并充分利用教材、实验设备、网络资源等教育资源，创造有利于学生参与和探究的环境。例如，在地理课堂上，可以设计实地考察、模拟实验和数字地图制作等活动，让学生亲身体验和探索地理知识。

4. 评价和反馈环节的设计

及时的反馈和评价可以帮助学生从实践中总结经验，发现问题并加以改进。实践活动的设计还应包括评价和反馈环节的设计，可以是口头评价、书面评价、自评和互评等。

（三）实践活动的实施与反馈

在实践活动的实施过程中，教师需要积极参与并指导学生的实践活动，确保其顺利进行。教师应该在活动开始前明确活动的目标和计划，确保活动的目的明确、任务明确。例如，在一个社区服务活动中，教师可以要求学生了解社区环境问题，设计并实施一个解决方案。这样的目标和任务可以帮助学生明确自己在活动中需要完成的任务，并从中获得实际的学习经验。

在活动的实施过程中，教师应该及时提供指导和支持，确保学生能够有效地完成任务。教师可以组织学生进行小组讨论，引导他们思考、合作解决问题。同时，教师可以提供必要的资源和工具，帮助学生更好地实施他们的实践活动。例如，在一个科学实验活动中，教师可以为学生提供实验器材、参考资料和操作指导，以确保学生能够顺利进行实验并得出正确的结论。

在实践活动的实施过程中，教师还需要及时给予学生反馈，帮助他们总结经验、发现问题、改进方法。通过及时的反馈，学生可以及早发现自己的不足之处并进行改进，从而提升实践活动的效果和学习成果。

二、优化师资力量

（一）师资队伍现状分析

师资队伍是中学教育中不可或缺的重要组成部分。深入分析师资队伍的现状，既可以发现问题所在，也可以为进一步优化师资队伍提供有效的策略和路径。可以从师资队伍的人员结构、专业素养、教学经验等方面进行分析。

（二）师资队伍的培养与发展

在中学五育融合教育实践中，培养和发展师资队伍是关键的一环。为了满足中学五育融合教育实践的需要，我们需要制定一系列策略，以提升师资队伍的素质和能力。

1. 加强对教师的培训

通过组织专题研讨、培训班、学术交流等形式，提升教师的学科知识水平和教育教学能力。例如，可以邀请专家学者进行讲座或授课，为教师更新知识和教育理念。建立师资培训档案，及时记录和总结培训成果，为教师的职业发展提供参考依据。

2. 鼓励教师参与实践活动与课题研究

通过参与实践活动，教师可以深入了解学生的需求和实际情况，从而更好地设计多样化的教学活动。鼓励教师参与课题研究，提升其科研能力。通过课题研究，教师可以深入研究教育问题，并提出解决方案，为中学五育融合教育提供理论和实践支持。

3. 建立健全教师激励机制

通过制定激励政策，激发教师的积极性和创造力。例如，可以设立优秀教师奖励，鼓励教师开展创新实践活动，并为其提供相应的奖励和荣誉。同时，建立教师评价体系，通过对教师教育教学能力进行评价，促进其持续发展。

4. 加强师资队伍与校外资源的合作

与地方社区、高校等机构合作，邀请相关专家开展培训或指导，共同推动中学五育融合教育实践的发展。通过与外部资源的合作，教师可以获取更多的专业知识和实践经验，提升自身的专业素养和教育水平。

（三）师资队伍的优化路径

在中学五育融合教育实践中，为了确保教师能够适应多样实践活动的设计和协同育人机制的构建，我们需要制定一系列的人才优化路径。

1. 建立健全的师资培养体系

针对中学五育融合教育的需求，我们可以制定相关的培养计划和课程体系，培养出具备综合素养和实践能力的教师。培养过程中，应该注重理论与实践相结合，让教师在实际工作中不断积累经验，并通过案例分析、研讨会等形式进行交流和学习。

2. 推动教师的专业发展

教师在中学五育融合教育中需要拥有多方面的专业知识和能力。因此，我们可以建立课程研究组、实践研究团队等专业平台，让教师深入研究相关学科和教育理论，不断提升自己的专业水平。可以鼓励教师参与学术交流和国内外研修，拓宽视野，引进最新的教育理念和实践经验。

3. 重视教师综合素质的提升

中学五育融合教育需要教师具备良好的人文素养、情绪管理能力和跨学科思维等，这些都需要通过专门的培训和个人成长计划来提升。我们可以组织教师参加教育心理学、人文素质培养、协同育人等方面的培训，同时鼓励教师参与公益活动等，不断提升自身的综合素质。

4. 建立健全的激励机制和评价体系

优化师资队伍需要激励机制作为保障，我们可以根据教师的绩效考核和技术等级评定结果，给予相应的奖励和晋升机会。同时，也要建立完善的教师评价机制，对教师在课堂教学、教育实践和育人能力等方面进行评估，以促进教师的不断成长和优化。

三、完善评价机制

（一）现有评价机制的梳理

评价机制不仅是对学生综合能力的衡量，也是对教育实践的反馈和改进的手段。下面我们将对现有评价机制进行梳理，以寻求完善的方向和改进的空间。

目前普遍采用的评价机制主要有定期考试、平时表现考核和综合素质评价。定期考试倾向于以分数评价学生的学科知识掌握程度，但往往无法全面、准确地反映其综合能力发展。平时表现考核则关注学生在学校日常生活中的表现，但评价标准不够明确，并未能很好地体现五育融合教育的要求。综合素质评价是综合考虑学生的学科成绩、实践表现和综合素养等方面，但目前仍存在标准化程度不高、主观性较大的问题。

现有评价机制较少考虑学生参与多样实践活动的情况。多样实践活动是中学五育融合教育的重要组成部分，通过参与活动，学生可以锻炼实际的动手能力和创新思维能力。然而，在现有评价机制中，对实践能力的考核和评价相对较少，导致学生在实践方面的成长难以被充分关注和准确评价。

现有评价机制也缺乏对学生的个性差异和发展需求的适应性。五育融合教育的核心理念是充分发展学生的五种基本能力，但目前评价机制过于注重学科知识的测试，对于学生在其他能力方面的表现较少关注。尤其是对于那些在学科知识上相对薄弱但在艺术、体育、社会实践等方面有特长和潜力的学生，评价机制往往无法给予恰当的肯定和支持。

（二）评价指标的选择与设计

在中学五育融合教育实践中，评价需要客观地反映学生在综合素养发展方面的水平，也要为教师提供有效的教学反馈，因此，评价指标的选择与设计是评价机制中需要特别完善的内容。

评价指标的选择要与中学五育的目标相契合。我们知道，中学五育包括了道德与法治教育、身心健康教育、学科与学术教育、实践与创新教育以及艺术与审美教育。在评价指标的选择过程中，需要考虑到这些不同维度的要求，确保评价的全面性和准确性。

评价指标的选择应该具有可操作性和可衡量性。评价指标不应过于抽象或主观，而是应该具体明确、能够被教师和学生理解和操作。评价指标应该能够被客观地量化或定性描述，以便于评价结果的比较和分析。

在评价指标的设计方面，要充分考虑到学生的个体差异和多样性。不同学生具有不同的发展特点和学习需求，因此评价指标应该灵活适应不同学生的特点，允许学生通过不同的途径展现自己的能力和潜力。

评价指标的设计还应该注重对学生综合素养的培养和发展情况的反映。综合素养是中学五育的核心目标之一，评价指标应该能够全面地反映学生在道德品质、思维能力、实践能力、创新能力等方面的表现。

（三）评价方式的优化

在中学五育融合教育实践中，评价方式的优化是确保教育活动有效性和学生发展的重要环节。当前存在的评价方式往往过于关注成绩单上的分数，忽视了学生综合素质的全面发展。因此，我们需要对评价方式进行优化，以更好地促进学生的全面成长。

1. 建立综合评价体系

综合评价体系应将学生的学业成绩、综合素质、实践能力等多个方面纳入，对学生进行综合评价，更全面地了解学生的整体表现，更准确地判断其发展水平和成长潜力。综合评价体系应不再仅依赖于单一的标准分数，而是将多个维度的评价指标有机结合，构建一个更全面、更科学的评价体系。

2. 个性化评价方法

每个学生在五育融合教育实践过程中有着不同的特点和需求，传统的一刀切评价方式无法准确地衡量每个学生的实际表现。因此，应该根据学生的兴趣、天赋、发展目标以及实际参与的实践活动等来进行评价，更好地激发学生的学习积极性，并更准确地评估学生的成长。

3. 开展实践评价

实践评价可以采用个人报告、项目展示、实验呈现等形式，让学生在实践中展示自己的能力和成果。通过实践评价，学生可以更好地理解和应用所学知识，为将来的学习和职业发展打下坚实基础。

（四）评价结果的反馈与教育实践策略的改进

评价结果的反馈应该具有针对性和参与性。针对性意味着我们需要将学生的评价结果细化为具体的问题和改进方向，而不仅仅是简单地得出一个总体评价。参与性则意味着我们需要将教师和学生纳入评价结果的分析和讨论中，共同来探讨问题所在并提出改善的方法和措施。

评价结果的反馈应该关注教育实践的效果和影响。我们需要从评价结果中发现学生在不同方面的表现和进步，并与教育目标相对照，看是否达到了预期的效果。我们还要考虑评价结果对学生的影响，是否能够促进学生的全面发展和个性成长。

在评价结果的反馈基础上，我们还需要及时改进教育实践策略。根据评价结果中发现的问题和改进方向，我们可以调整教育实践的内容、方法和形式，以更好地满足学生的需求，提高教育教学的效果。

四、构建协同育人机制

（一）家校社协同育人现状

在中学教育中，家庭、学校和社会三方面的力量都对学生的全面发展起着至关重要的作用。家庭是孩子成长的起点，通过家庭教育，家长可以培养孩子的自理能力、合作意识和创新思维。学校是教育的主要场所，具有专业教育师资和教学设施，能为学生提供系统的学习环境和有序的教育课程。社会则是学生综合素养培养的重要场所，社会资源和实践机会可以为学生提供更广阔的发展平台。因此，家庭、学校和社会的协同育人已经成为一种不可忽视的教育趋势。

目前，家校社协同育人的实践存在一些不足。其一，家庭和学校之间缺乏紧密的沟通和合作机制，导致家校之间的信息传递不畅，教育目标和方法存在差异。其二，一些家庭对于孩子的教育关注不够，忽视了家庭的培养责任，依赖学校，并将一切责任推给教师。其三，社会资源和实践机会分配不均衡，一些学生不能充分利用社会资源来提升自己的综合素质。

（二）协同育人模式构建

在中学五育融合教育实践中，协同育人的目标是打破传统教学中校内校外的界限，将学校、家庭和社会各个方面的资源充分整合，共同培养学生的综合素养和能力。为了实现这一目标，需要构建一种有效的协同育人模式。

1. 以学生为中心

教育者需要充分了解学生的个性、兴趣爱好、优势和困难，从而为其提供有针对性的支持和指导。这可以通过定期的个别面谈、家庭访问以及与社会团体的密切合作来实现。通过与学生和家长的密切沟通，教育者可以更好地理解学生的需求，并提供个性化的学习和发展方案。

2. 注重学校、家庭和社会的紧密合作

家庭和社会是学校教育的重要支持力量，而学校也应该成为学生与家庭和社会之间的纽带。学校可以开展家长培训和交流活动，帮助家长了解学校教育的目标和方法，提供家庭教育指导，增强家校合作的效果。学校还应该积极与社会资源对接，与社会团体建立合作关系，为学生提供各种实践机会和资源支持。

3. 倡导跨学科和跨界融合

学校教育应该突破学科壁垒，鼓励教师之间的合作和交流，推动学科知识的整合和应用。学校还应该鼓励学生进行学科之间的交叉学习和研究，培养跨学科的综合能力。协同育人还应该倡导学校与其他领域的跨界合作，如与艺术团体、企事业单位的合作，为学生提供更多广阔的发展机会。

4. 建立完善的反馈与评估机制

学校、家庭和社会各方面都应该密切关注学生的发展和成长，及时进行评估和反馈。评估不仅关注学科成绩，还应该注重学生的心理健康、社会适应能力和创新能力等方面的评估。同时，学校、家庭和社会应该加强交流和合作，分享学生的评估结果，共同制定改进措施，为学生提供更好的支持和引导。

（三）协同育人效果的评估

为了更好地衡量和评估中学五育融合教育实践中协同育人的效果，我们需要建立一个科学严谨的评估体系。在评估的过程中，要综合考虑学生在知识、能力、情感、态度和价值观等方面的变化和发展，以及家庭、学校和社会三方面的协同育人成效。

我们可以采用定量和定性相结合的方法来评估。定量评估主要通过量化指标，如考试成绩、学生参与活动的次数、获得的荣誉和奖励等来进行评估。还可以通过问卷调查和观察等方式收集学生对协同育人活动的感受和体验，进一步了解他们在协同育人过程中的成长和变化。

我们需要关注学生在协同育人过程中的综合能力的提升情况。我们可以通过评估学生在实践过程中的表现，如解决问题的能力、团队合作的效果、创新思维的发挥等，来评估他们在协同育人过程中的成长情况。

家校社三方面的协同育人成果也需要评估和衡量。家庭作为学生成长的重要环境，家长的参与和支持对于学生的发展起着至关重要的作用。我们可以通过观察和调查家长参与协同育人活动的情况，了解他们在学生成长中的影响和作用。学校作为教育的主要场所，应提供相应的平台和机会，促进家校社的协同育人。我们可以通过监测学

校的协同育人实践和活动的开展情况，评估学校在协同育人中的角色和效果。社会资源的整合和利用也是协同育人的关键。我们可以通过观察学校与社会资源的合作情况，如企事业单位、公益组织等的育人参与程度和效果来评估社会方面在协同育人中的效果。

第三节　五育融合教育在中学的具体实践

一、课堂教学的改进

（一）课堂教学方法的创新

在五育融合教育的实践中，为了更好地促进学生全面发展，我们需要从多个方面对课堂教学方法进行改进。

在教学方法上，我们可以尝试采用学生参与式教学。这种教学方法强调学生的积极参与和主动学习，教师充当引导者和促进者的角色。例如，可以采用小组合作学习的形式，让学生在小组中进行讨论、合作解决问题，从而培养他们的团队协作能力和解决问题的能力。可以引入案例分析、问题导向的教学方法，让学生通过实际问题的探究和解决，提高他们的分析和解决问题的能力。

我们可以运用信息技术手段改进课堂教学。在当前信息技术高度发达的时代，我们可以充分利用各种数字工具和在线资源来提升课堂教学的效果。例如，可以使用多媒体教学辅助工具，将多种媒体元素（如图片、视频、音频）与教学内容结合，使学生更加直观地理解和掌握知识。还可以利用互联网资源进行课堂拓展和扩展，让学生通过网络搜索、在线阅读等方式获取更多的知识，并进行更广泛的学习与交流。

五育融合教育教学中，要关注学生的实践体验。我们可以将理论知识与实践相结合，通过实验、实地考察、实践活动等方式，让学生亲自参与、亲自实践，提高他们的动手能力和实际应用能力。例如，在进行科学实验时，让学生亲自操作和观察，通过亲身体验，深化其对科学原理的理解。还可以组织学生参加社会实践活动，让他们接触社会并实际应用所学的知识，培养他们的社会责任感和实际操作能力。

（二）优化教学资源配置

在五育融合教育的实践中，通过科学合理地配置教学资源，能够提供更丰富、多样化的教育资源，满足学生不同的发展需求。

1. 注重师资培养和发展

教师是教育教学的重要主体，他们的专业素养和教学能力直接影响着教学效果。因此，应该重视培养教师的综合素质，提升教师的专业素养和教学能力。通过持续的培训和学习机会，教师可以更新教学理念，提高教学技能，为学生提供更好的教育服务。

2. 重视教学设施和教学材料的更新

教学设施是教学过程中不可或缺的一部分，它直接影响着学生的学习体验和学习效果。因此，学校应该及时更新和维护教学设施，提供良好的学习环境。教学材料的更新也是非常重要的。随着社会的发展和知识的更新，教学材料需要随之调整和更新，为学生提供新颖、丰富的学习资源，激发学生的学习兴趣和主动性。

3. 加强与外部资源的合作与共享

学校应积极与企业、社会组织等合作，利用外部资源丰富教学内容。通过与企业合作，可以提供实践机会和实际案例，让学生更好地将所学知识应用于实践。

二、课程设置的结构性调整

（一）课程设置的调整策略

在中学五育融合教育中，为了确保学生能够全面发展，我们需要从多个方面入手，实现课程设置的结构性调整。

1. 灵活设置选修课程

我们需要根据学生的兴趣和特长，灵活设置选修课程。通过设置多样化的选修课程，可以满足学生不同方面的需求，激发他们的学习动力。

2. 设置跨学科的融合课程

将不同学科的知识和概念进行有机结合，可以帮助学生更好地理解和应用所学内容。举个例子，我们可以设计一门名为"生态与环境"的选修课程，既涉及生物学、地理学等学科的知识，又能让学生了解环境问题，并提供解决问题的方法和策略。

3. 注重跨年级的课程连贯性

通过设计一系列渐进式的课程，让学生在不同年级逐步扩展知识面和技能。例如，在初中阶段，我们可以分别设置"科学探究""创新实践"等课程，引导学生逐步培养自主学习和问题解决能力。而在高中阶段，我们可以进一步开设"科研与创新""社会实践"等课程，培养学生的研究能力和社会责任感。

4. 关注社会需求和时代特征

随着社会的发展和变化，我们需要根据社会需求和时代特征进行课程设置的调整。例如，在信息时代，我们可以加强对信息技术的培养，设计相关课程帮助学生适应信息爆炸的挑战，提高信息素养和创新能力。

（二）课程内容的融合设计

课程内容的融合设计是五育融合教育实施的重要环节。在中学课程设置的结构性调整中，课程内容的融合设计是确保学科融合和跨学科主题学习能够有效开展的关键措施。针对传统单一学科课程的弊端，我们需要重新思考和设计课程内容，以实现跨学科的融合。

课程内容的融合设计要求教师从整体的角度出发，将不同学科的知识点有机地结合在一起。不再局限于单一学科的知识传授，而是将相关学科的内容相互关联，形成综合性的知识体系。例如，在化学课程中，可以融入一些生物学和物理学的内容，以便帮助学生更全面地了解物质的组成和性质，启发学生整体把握科学知识。

课程内容的融合设计还要注重培养学生的跨学科思维能力。通过引入一些涉及多个学科的案例和问题，培养学生的综合分析和解决问题的能力。例如，在中学英语教学中，可以设计一些与社会科学或自然科学相关的主题，让学生通过英语的学习，了解不同学科领域的观点和研究成果，培养学生的跨学科思维能力。

课程内容的融合设计应该注重理论与实践的结合。通过组织一些实践性的学习活动或项目，让学生能够将所学知识应用于实际生活中。例如，在数学课程中，可以引入一些与实际生活相关的问题，让学生应用数学的知识和方法解决问题，提高数学的学习兴趣和实际运用能力。

课程内容的融合设计要重视知识的深化和拓展。不仅仅满足学科知识的融合，还要关注学生的综合素养的培养。在课程设计中，引入一些拓展性的知识点，以丰富学生的知识层次。例如，在历史课程中，不仅讲述历史事件和人物，还可以引入历史的背景、影响和意义，让学生对于历史发展规律的理解更加全面。

（三）课程实施过程的管理改革

在中学教育实践中，为了确保五育融合教育能够有效地落地实施，需要对课程实施过程进行系统的管理改革。

1. 采取组织协同的管理策略

五育融合教育涉及多个学科，需要和多个教师合作，因此，有效的组织协同是必不可少的。学校可以设立专门的融合教育管理团队，负责统筹安排各个学科的资源和教师的协作，确保课程的顺利实施。学校还可以通过定期的会议和交流活动，促进各个教师之间的沟通和合作，以提高教师之间的协同合作效率。

2. 引入项目化学习的方式

项目化学习是一种以项目为核心的学习方式，学生通过参与项目，探究问题，解决问题，达到知识与技能的综合应用。在融合教育中，可以将项目化学习与学科融合相结合，通过跨学科的项目，让学生在实践中体验到各学科的融合和互相关联的重要性。

三、加强学科融合

中学五育融合教育实践中，旨在通过将不同学科的知识和技能有机地结合起来，促进学生综合能力的发展。为了实现学科融合的目标，中学教育需要采取一系列策略。

1. 建立起跨学科的合作机制

学科之间的界限应被打破，教师应该在教学中进行跨学科合作。例如，语文老师可以与数学老师共同设计一个跨学科阅读数学题材文章的教学活动，以增强学生对数学知识的理解。教师们可以定期举行跨学科教研活动，分享各个学科领域的最新教学理念和方法，促进学科间的互补与交流。

2. 注重学科的内在联系

每一个学科都有其特定的概念、原理和方法，通过将不同学科的相关内容有机地结合起来，可以帮助学生更好地理解和应用知识。举个例子，在教授科学知识的时候也可以引入一些与生活相关的例子，让学生通过实际案例理解科学原理，从而增强学生的学习兴趣和动力。

3. 创设跨学科的学习环境

这可以通过组织跨学科主题学习活动来实现。例如，学校可以组织一次以生态环境为主题的跨学科学习活动，让学生从不同学科的视角去探索和研究生态问题，从而培养学生的综合思维能力和解决问题的能力。

四、组织跨学科主题学习活动

（一）跨学科主题学习活动的组织

为了促进学科融合与跨学科主题学习，中学在组织跨学科主题学习活动时需要合理安排活动结构，建立起协作、互动的学习环境，以及提供充分的资源支持。

在活动的组织结构上，可以采用分层次、分步骤的方式。明确整个活动的目标和主题，然后从不同学科的角度出发，逐步引导学生将所学知识应用到具体的情境中。例如，在探究气候变化的主题学习活动中，可以先介绍气候变化的基本概念和原因，然后引导学生通过实际观察、实验等方式，进一步探究不同地区的气候变化情况和其对生态环境的影响。

跨学科主题学习活动应注重学科间的融合与整合。在组织活动过程中，教师可以根据主题设置一系列的学习任务，涵盖不同学科的知识要点，使学生能够在解决问题的过程中不断综合运用不同学科的知识和技能。例如，在探究地球环境保护的跨学科主题学习活动中，可以邀请地理学科的教师讲解地球的自然环境、生物学科的教师介绍生物多样性保护、化学学科的教师讲解环境污染和净化的相关知识等。通过这种跨学科的综合学习，学生能够更好地理解和应用不同学科的知识。

为了确保跨学科主题学习活动的顺利进行，中学应提供充分的资源支持。教师可以利用多媒体技术、图书馆资源、实验室设备等帮助学生更好地进行实践操作和学习研究。同时，学校还可以与外部机构合作，为学生提供实地考察、实践实训等机会，丰富他们的学习体验和实际操作能力。例如，学校可以与当地的环保组织合作，组织学生参与环境保护志愿活动，让他们亲身感受到环保的重要性和实践的价值。

（二）跨学科主题学习活动的效果评估

为了评估跨学科主题学习活动的效果，我们采取了多种方法和指标来收集和分析数据。首先，可以对参与活动的学生进行问卷调查，以了解他们对跨学科主题学习活动的态度和体验。通过问卷调查，收集学生对活动内容、组织形式、目标达成程度以及对自己学习成果的感知等方面的反馈。

其次，可以进行学业成绩的统计和对比分析。通过与传统学科教学相比较，评估跨学科主题学习活动对学生学习成绩的影响。将学生在活动前后的学科考试成绩进行对比，以确定学生在跨学科主题学习活动中是否取得了更好的学习成果。

再次，还可以采取课堂观察和访谈的方式更深入地了解学生在跨学科主题学习活动中的学习情况。通过观察教师指导和学生参与活动的情况，可以了解学生在学科融合和主题学习中的表现及互动情况。另外，还可以通过访谈，进一步了解到学生关于活动对于自身能力提升程度的意见和感受。

最后，也可以分析学生在跨学科主题学习活动中的合作与创新能力的提升情况。通过学生在小组合作中的表现以及作品展示等形式，评估学生在跨学科合作、跨学科思维和创新能力上的进步。

参考文献

[1] 姜岚. 教育同心圆——五育并举视野下的家校共育 [M]. 长春：吉林大学出版社，2023.

[2] 李涛. "五育并举"的课程理论建构与校本实践 [M]. 吉林人民出版社，2021.

[3] 林武. "五育并举"的钱塘实践 [M]. 福州：福建教育出版社，2021.

[4] 盛振文. 通识教育五育融合课程双创教学指南 [M]. 北京：经济科学出版社，2023.

[5] 胡建明. 全域视角下学校五育并举的实践与创新 [M]. 上海：上海教育出版社，2023.

[6] 王圣春. 五育并举 立德育心 [M]. 上海：华东师范大学出版社，2020.

[7] 刘满文，罗崇忠，晁文生. 中学教育与教学管理 [M]. 长春：吉林人民出版社，2021.

[8] 张兆宏. "五育"花开在运河 运河少年"五个一"的育人实践与思考 [M]. 北京：中国社会出版社，2021.

[9] 马万成. 森林里的学校 五育并举构建和融课程生态体系 [M]. 北京：北京师范大学出版社，2021.

[10] 徐聪. 修身求真科艺见长 福州格致中学五育课程实施与探索 [M]. 福州：福建教育出版社，2021.

[11] 罗先凤. 五育并举的课程体系：致良知课程的旨趣与探索 [M]. 上海：华东师范大学出版社，2021.